Ferdinand Falkenberg
Sarah Kohl
Markus Wittek

best of!
50 Tipps für Sportlehrkräfte

Hürden meistern. Entspannt
unterrichten. Besser leben.

Wir haben uns für die Schreibweise mit dem Sternchen entschieden, damit sich Frauen, Männer und alle Menschen, die sich anders bezeichnen, gleichermaßen angesprochen fühlen. Aus Gründen der besseren Lesbarkeit für die Schüler*innen verwenden wir in den Kopiervorlagen das generische Maskulinum. Bitte beachten Sie jedoch, dass wir in Fremdtexten anderer Rechtegeber*innen die Schreibweise der Originaltexte belassen mussten.

In diesem Werk sind nach dem MarkenG geschützte Marken und sonstige Kennzeichen für eine bessere Lesbarkeit nicht besonders kenntlich gemacht. Es kann also aus dem Fehlen eines entsprechenden Hinweises nicht geschlossen werden, dass es sich um einen freien Warennamen handelt.

1. Auflage 2022
© 2022 Auer Verlag, Augsburg
AAP Lehrerwelt GmbH
Alle Rechte vorbehalten.

Das Werk als Ganzes sowie in seinen Teilen unterliegt dem deutschen Urheberrecht. Der*die Erwerber*in der Einzellizenz ist berechtigt, das Werk als Ganzes oder in seinen Teilen für den eigenen Gebrauch und den Einsatz im eigenen Präsenz- oder Distanzunterricht zu nutzen.

Produkte, die aufgrund ihres Bestimmungszweckes zur Vervielfältigung und Weitergabe zu Unterrichtszwecken gedacht sind (insbesondere Kopiervorlagen und Arbeitsblätter), dürfen zu Unterrichtszwecken vervielfältigt und weitergegeben werden. Die Nutzung ist nur für den genannten Zweck gestattet, nicht jedoch für einen schulweiten Einsatz und Gebrauch, für die Weiterleitung an Dritte einschließlich weiterer Lehrkräfte, für die Veröffentlichung im Internet oder in (Schul-)Intranets oder einen weiteren kommerziellen Gebrauch. Mit dem Kauf einer Schullizenz ist die Schule berechtigt, die Inhalte durch alle Lehrkräfte des Kollegiums der erwerbenden Schule sowie durch die Schüler*innen der Schule und deren Eltern zu nutzen. Nicht erlaubt ist die Weiterleitung der Inhalte an Lehrkräfte, Schüler*innen, Eltern, andere Personen, soziale Netzwerke, Downloaddienste oder Ähnliches außerhalb der eigenen Schule. Eine über den genannten Zweck hinausgehende Nutzung bedarf in jedem Fall der vorherigen schriftlichen Zustimmung des Verlags.

Sind Internetadressen in diesem Werk angegeben, wurden diese vom Verlag sorgfältig geprüft. Da wir auf die externen Seiten weder inhaltliche noch gestalterische Einflussmöglichkeiten haben, können wir nicht garantieren, dass die Inhalte zu einem späteren Zeitpunkt noch dieselben sind wie zum Zeitpunkt der Drucklegung. Der Auer Verlag übernimmt deshalb keine Gewähr für die Aktualität und den Inhalt dieser Internetseiten oder solcher, die mit ihnen verlinkt sind, und schließt jegliche Haftung aus.

Autor*innen: Ferdinand Falkenberg, Sarah Kohl, Markus Wittek
Illustrationen: Cartoonstudio Meder, Steffen Jähde, Kristina Klotz, Hendrik Kranenberg, Stefan Lohr, Carla Miller, Trantow Atelier
Satz: Satzpunkt Ursula Ewert GmbH, Bayreuth
Druck und Bindung: Korrekt Nyomdaipari Kft.
ISBN 978-3-403-08574-4

www.auer-verlag.de

Inhaltsverzeichnis

Vorwort 5

Wie du zum Profi in Sachen Selbst- und Zeitmanagement wirst 6
Die ALPEN-Methode – so planst du deinen Tag perfekt 6
Die Eisenhower-Methode – so siehst du, welche Aufgaben wirklich wichtig sind 6
Die Pomodoro-Technik – Zeit im Griff mit der Eieruhr! 7
So trennst du Turnhalle und Privatleben 8
Bei dir selbst sein – so gelingt Achtsamkeit auch in turbulenten Zeiten 9
So sparst du Zeit: Geteiltes Leid ist halbes Leid 11

Tolle Ideen rund um deine Unterrichtsvorbereitung 12
Nichts vergessen! So denkst du mit Struktur an alles Wichtige für den Sportunterricht 12
Sharing is Caring – gilt auch für die Unterrichtsvorbereitung! 13
So digitalisierst und sicherst du deine Unterrichtsvorbereitung 14
Blankovorlagen machen das Leben leichter! 16
Curriculum kompakt – kurz, knapp, präzise 17
So arbeitest du mit Aufbauplanungs-Tools 18
Wie du aus Bildern eine Stationskarte erstellst 19

Organisation rund um den Sportunterricht – alles im Griff 21
Kleine Helfer – große Wirkung: So bist du mit wenig Material auf alle Situationen
vorbereitet 21
Mit Regeln und Ritualen schaffst du Struktur und Sicherheit! 22
Unterrichtsbeginn – strukturiert und organisiert 24
So gestaltest du den Unterricht strukturiert und organisiert 25
Unterricht ohne Chaos beenden 26
Hallenausstattung checken – großer Aufwand, der sich aber lohnt 27
Hallenzeiten besser planen – Aufbauten intensiv nutzen 28
Schneller auf- und abbauen mit Aufbaugruppen 29
Treffpunkte, Organisations- und Sozialformen: So wählst du sie sinnvoll 30
Wie du Checklisten, Selbsteinschätzungsbögen und Beurteilungsübersichten einsetzt 31
Gruppeneinteilung mal anders 32
Fair bewerten – eine große Kunst! 33

Feedbacksysteme, die du schnell und einfach umsetzen kannst	34
So klappt selbstständiges Aufwärmen	36
So führst du ein Buddy-System ein	37
Perspektivwechsel – Schüler*innen als Profis und Expert*innen	38
Strukturierte Zwischenreflexion statt ständiger Störungen	39
Wie du die Stundenziele an den Anfang stellst und mehr Transparenz erzeugst	40

Wie du als Sportlehrkraft schwierige Situationen meisterst … 41

Große Klassen – eine Herausforderung!	41
Wie du mit (sehr) kleinen Klassen klarkommst	43
Schlecht ausgestattete Sportstätten – kein Problem!	44
So gehst du mit Lärm um – „die leise Sportstunde"	45
Keine Lust auf Sport? – Wie du mit demotivierten Schüler*innen umgehst	46
Undisziplinierte und impulsive Schüler*innen – so kommst du klar	47
So reagierst du in schwierigen Situationen	48
Bewegungsaktive, sportbegeisterte und sehr gute Schüler*innen – ein Luxusproblem?	49
Keine Diskussionen mehr um Sportkleidung!	51
Was du mit Turnbeutel- und Schwimmsachenvergesser*innen machst	51

So meisterst du den Schwimmunterricht mit seinen besonderen Anforderungen … 53

Nichts vergessen! So denkst du mit Struktur an alles Wichtige für den Schwimmunterricht	53
Vom Schulgebäude ins Schwimmbecken und zurück – so bedenkst du alle Besonderheiten	54
Kleine Helfer – große Wirkung: So bist du mit wenig Material auf alle Situationen vorbereitet	56
Mit Regeln und Ritualen schaffst du Struktur und Sicherheit!	58
So gehst du mit deinem Schwimmunterricht nicht baden und unterrichtest strukturiert, souverän und organisiert	59

Wie du als Sportlehrkraft stark bleibst … 61

Unser Körper spricht immer – so überzeugst du durch deine Körperhaltung	61
Wie du in der Turnhalle bei Stimme bleibst	62
Elterngespräche souverän führen – auch Sportunterricht ist wichtig!	63
Standort, Mimik, Gestik, Zeichensprache – wie du andere Kanäle nutzt	64

Die Benutzerhinweise zum Download des Zusatzmaterials und den entsprechenden Zusatzcode finden Sie am Ende des Buches.

Vorwort

Wer träumt nicht vom Leben als Sportlehrkraft – vormittags mit den Schüler*innen Sport treiben und nachmittags frei haben? Solche oder ähnliche Aussagen hast du sicherlich auch schon gehört. Dass dies nicht der Realität entspricht, weißt du auch.

Deswegen wollen wir dir helfen, deinen Alltag als Sportlehrkraft leichter und angenehmer zu gestalten. Wir, das sind erfahrene Sportlehrkräfte aus der Praxis, die ihre besten Tipps und Materialien für dich zusammengestellt haben.
Dieser Band soll aber auch Bewährtes bestätigen, vielleicht hast du manche Idee schon mal gehört, aber nie wirklich umgesetzt.
Der Ton ist bewusst etwas lockerer gehalten, schließlich soll dich das Lesen nicht auch noch stressen. Außerdem nehmen wir uns mal ganz frech raus, dich zu duzen, wie es ja in den meisten Lehrerzimmern bzw. beim Sport üblich ist.

Im ersten Kapitel beleuchten wir das **Selbstmanagement- und Zeitmanagement** für Sportlehrkräfte näher. Sich selbst zu organisieren ist in unserem Beruf als Sportlehrkraft ja sehr wichtig. Schließlich sind wir in unserer Arbeitsplanung vor allem am Nachmittag vergleichsweise frei. Um den Nachmittag effektiver zu gestalten, findest du hier einige Selbst- und Zeitmanagementtechniken, die dir dabei helfen können, dich und deine Arbeit noch besser zu organisieren.

Im Prinzip ist das wie beim Kennenlernen von neuen Sportarten – probiere die Techniken einfach aus und nach einer gewissen Zeit kannst du sagen, ob sie zu dir passen. Am Anfang wirst du dich mit ein paar neuen Techniken oder Regeln auseinandersetzen müssen, wenn diese aber erst einmal gefestigt sind, geht es dir viel leichter von der Hand.

Das gilt auch für das zweite und dritte Kapitel, wo sich alles um **Unterrichtsvorbereitung** und **Organisation** dreht. Wir sind sicher: Hier findest du viele Ideen, wie du deine Vorbereitung und Organisation optimieren kannst und so deine Nerven schonst und dir wertvolle Zeit sparst.

Auch im Sportunterricht scheint nicht die ganze Zeit die Sonne. Im vierten Kapitel zeigen wir deshalb, wie du **schwierige Situationen als Sportlehrkraft** meistern kannst. Von Ideen zum Umgang mit schlecht ausgestatteten Sportstätten über Anregungen, wie du mit undisziplinierten Schüler*innen umgehst, findest du hier alles.

Auch der **Schwimmunterricht** darf nicht zu kurz kommen. Im fünften Kapitel dreht sich alles um seine besonderen Anforderungen und wie du clever damit umgehst.

Damit du auch in Zukunft an diesem Beruf viel Freude hast, haben wir im letzten Kapitel Tricks und Tipps zusammengestellt, wie **du am besten auf dich achtest**. Wir wollen dich dazu einladen, mal fünf Minuten Pause zu machen, und dich dazu anregen, dir eine Auszeit aus dem Alltag mit all seinen Herausforderungen zu nehmen.

Wir wünschen dir viel Spaß bei der Lektüre und bei der Umsetzung unserer Ideen – damit dir der schönste Beruf der Welt auch weiterhin viel Freude bereitet!

Ferdinand Falkenberg
im Namen des Autorenteams

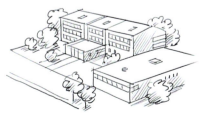

Wie du zum Profi in Sachen Selbst- und Zeitmanagement wirst

 ### DIE ALPEN-METHODE – SO PLANST DU DEINEN TAG PERFEKT

Mit der ALPEN-Methode nach Lothar Seiwert kannst du deinen Tag perfekt planen. Denn mit einer guten Planung sparst du dir viel Zeit. So gehst du vor:

- **A**ufschreiben: Notiere dir in einer einfachen To-do-Liste ohne eine bestimmte Reihenfolge, welche Aufgaben, Aktivitäten und Termine heute anstehen. Das kann die Auswertung der Bundesjugendspiele, die Planung eines Turniers der 5. Klassen oder die Vorbereitung der nächsten Sportstunden sein. Auch offene Aufgaben vom Vortag kommen auf die Liste.
- **L**änge: Schätze die Länge der Aufgaben ein. Beachte dabei, dass
  – der Zeitaufwand für jede Aufgabe realistisch ist (nicht zu knapp!),
  – du dir für alle Aufgaben ein Zeitlimit setzt
  – und du dir für jede Aufgabe die genaue Uhrzeit festhältst.
- **P**uffer: Plane dir Puffer ein, da du sonst in Dauerstress kommst, keine Pausen einlegen oder nicht auf Unvorhergesehenes reagieren kannst. Verplane nur 50 bis 60 % deiner Arbeitszeit, der Rest ist Puffer!
- **E**ntscheidungen: Priorisiere deine Aufgaben. Streiche Aufgaben, die nach deiner Priorisierung unwichtig sind.
- **N**achkontrolle: Am Ende des Tages überprüfst du, ob du alle Aufgaben erledigt hast. Falls nicht, kommen sie auf die To-do-Liste für den nächsten Tag. Wichtig ist auch, dass du dir überlegst, warum du die Aufgaben geschafft hast (positives Reflektieren!), damit du für den nächsten Tag noch besser planen kannst. Erfahrungswerte helfen dir, deine Planungen zu optimieren!

Mit der ALPEN-Methode kannst du auch eine ganze Woche planen.

 ### DIE EISENHOWER-METHODE – SO SIEHST DU, WELCHE AUFGABEN WIRKLICH WICHTIG SIND

Für diese Methode brauchst du Post-its und eine Pinnwand. Zeichne dir die Eisenhower-Matrix auf ein großes Blatt Papier und hänge es gut sichtbar z. B. an einer Pinnwand auf.

Bevor du deinen Tag organisierst, schreibst du jede Aufgabe auf einen Post-it. Wichtig ist dabei, dass du auch Ziel und Dauer aufschreibst. Anschließend ordnest du die Post-its nach den folgenden Kriterien:

- **A**: Aktuelle Aufgaben, die wichtig und dringend sind. Diese haben Vorrang. Erledige sie am besten so schnell wie möglich. Nutze für diese Aufgaben dein Leistungshoch! Das kann z. B. das Erstellen eines Arbeitsblattes für die nächste Sportstunde oder aber auch das Organisieren eines Buses für den anstehenden Wettkampf sein.
- **B**: Aufgaben, die wichtig sind, aber nicht sofort erledigt werden müssen. Du kannst sie im Lauf der nächsten Woche erledigen. Setze dir aber für diese Aufgaben unbedingt einen Termin! Ein Beispiel ist die Vorbereitung der Bundesjugendspiele.

- **C:** Aufgaben, die zwar dringend sind, aber nicht wichtig. Diese kannst du ggf. an jemanden delegieren, der gerade mehr Kapazitäten hat. Oder du sagst einfach mal „nein".
- **D:** Aufgaben, die weder wichtig noch dringend sind. Sieh dir diese Kategorie ab und zu mal an. Hängt hier etwas schon länger? Dann kannst du dieses Post-it getrost im Papierkorb entsorgen.

Klebe deine Post-its in die Eisenhower-Matrix. Sobald du eine Aufgabe erledigt hast, klebst du den Zettel in die Spalte „erledigt". Wenn die Spalte voll ist, sei happy, schnaufe durch und wirf die Zettel weg!

Falls ein Post-it länger als einen Monat hängt – egal ob in Quadrant A, B, C oder D – und nichts Tragisches passiert ist, solltest du noch einmal genau überlegen, ob die Aufgabe wirklich so wichtig ist.

	DRINGEND	**NICHT DRINGEND**	**ERLEDIGT**
WICHTIG	A wichtig & dringend	B wichtig & nicht dringend	
NICHT WICHTIG	C nicht wichtig & dringend	D nicht wichtig & nicht dringend	

DIE POMODORO-TECHNIK – ZEIT IM GRIFF MIT DER EIERUHR!

Die Pomodoro-Technik hat der Italiener Francesco Cirillo entwickelt. Warum sie wie das italienische Wort für „Tomate" heißt? – Ganz einfach: Cirillo nahm eine Eieruhr zu Hilfe und diese hatte die Form einer Tomate.

Und wie geht nun diese Technik? Im Prinzip ganz einfach:

Du unterteilst deine Arbeitszeit zu Hause in komplett störungsfreie Arbeitseinheiten von jeweils 25 Minuten. Nach jeder Arbeitseinheit folgt eine kurze Pause von fünf Minuten. Nach vier Arbeitseinheiten folgt eine längere Pause von 30 Minuten.

Bevor du mit dieser Technik beginnst, solltest du dich zunächst fragen, was dich am Arbeiten hindert. Begib dich auf die Suche nach deinen Zeitfressern. Dazu gehören alle ungewollten Unterbrechungen und Störungen, wie beispielsweise Telefonate. All dies sollte in den 25 Minuten nicht stattfinden. Die Fünf-Minuten-Pause kannst du dann für ein Heißgetränk deiner Wahl oder ein paar Liegestütze nutzen.

So könnte dein Nachmittag aussehen:

14.00 Uhr – 14.25 Uhr	Arbeitsblock 1	15.00 Uhr – 15.25 Uhr	Arbeitsblock 3
14.25 Uhr – 14.30 Uhr	*5 min Pause*	*15.25 Uhr – 15.30 Uhr*	*5 min Pause*
14.30 Uhr – 14.55 Uhr	Arbeitsblock 2	15.30 Uhr – 15.55 Uhr	Arbeitsblock 4
14.55 Uhr – 15.00 Uhr	*5 min Pause*	*15.55 Uhr – 16.25 Uhr*	*30 min Pause*

Die Zeiten genau einzuhalten, ist am Anfang sehr wichtig. Eine Eieruhr, die weit weg von dir steht, ist dafür bestens geeignet.

Tipp: Wer nicht ganz auf sein Handy verzichten kann: Es gibt tolle Apps wie den „Pomodoro Timer" oder „Focus To-Do", die dich bei der Einhaltung der Arbeits- und Pausenzeiten unterstützen und auch im Flugmodus funktionieren!

SO TRENNST DU TURNHALLE UND PRIVATLEBEN

Work-Life-Balance … viel beschworen, aber mal ehrlich: Wer bekommt das schon so richtig gut hin? Oft bist du zwar schon zu Hause, aber mit dem Kopf noch bei der Arbeit? Wir Lehrkräfte sind ja gezwungen, zu Hause zu arbeiten – oder wie viele von euch haben einen adäquaten Arbeitsplatz in der Schule? Bei uns Sportlehrkräften ist das Ganze noch einen Tick schlimmer, denn Sport ist bei den meisten von uns ja auch ein persönliches Interesse und spielt in der Freizeit eine wichtige Rolle. Ein Fußballspiel anzuschauen kann dann leicht dazu führen, dass man sich überlegt, inwieweit man die Erkenntnisse daraus in den nächsten Unterricht einbauen kann … Stopp!

So schaffst du es, Beruf und Privat zu trennen:

- Setze dir ein **klares Zeitlimit**, bis wann du bei der Arbeit bist!
- Ziehe einen **Kreidestrich** vor deiner Tür zu Hause, über den du symbolisch schreitest und der zeigt: „**Ab hier bin ich nicht mehr in der Arbeit.**" Falls du öfter von deiner Familie nach draußen vor die Tür geschickt wirst, solltest du dir Gedanken machen, warum du nicht richtig abschalten kannst.
- Mache allen zu Hause klar, **wann du arbeitest** und nicht gestört werden willst. **Schilder** an der Tür helfen hier.
- Arbeite, wenn irgendwie möglich, in einem **Büro** und nicht im Wohnzimmer oder in der Küche.
- Setze dir selbst ein **Signal**, wenn du arbeitest. Wenn du arbeitest, trägst du z. B. eine Uhr, ein bestimmtes Armband usw.
- Lege dir für berufliche Gedanken, die dir im Privatleben kommen, ein **Notizheft**, Post-its o. Ä. zurecht. Schreibe die Ideen auf, dann sind sie aus deiner Gedankenspirale verschwunden und du kannst deine Freizeit genießen.
- Wenn du neue Bewegungen, Übungen usw. trainierst, überlege dir für dich, ob dies **beruflich oder privat** ist.
- Überlege dir gut, ob du eine **neue Sportart**, die du selbst sehr gerne ausführst, auch **in der Schule praktizieren** willst – so verlockend das auch ist. Denn es ist durchaus möglich, dass du sie fortan mit der Schule assoziierst und den Spaß daran verlierst.
- Falls du in der Nähe deines Schulortes wohnst und auch mal Schüler*innen oder Eltern triffst, lege dir einen **freundlichen Satz** zurecht, dass du jetzt gerade **Privatperson** bist. Mache dies auch Schüler*innen klar, die du privat im Verein trainierst.

BEI DIR SELBST SEIN – SO GELINGT ACHTSAMKEIT AUCH IN TURBULENTEN ZEITEN

Du bist gehetzt, ruhelos und der Stress nimmt kein Ende? Die Belastungen im Job sind gerade nicht ohne – die Organisation des Sportfestes trifft auf Notenabgabeschluss und der Sportunterricht ist auch gerade ziemlich fordernd? Dann probiere es doch mal mit Meditieren! Es ist kein Allheilmittel, es hat auch nichts mit Räucherstäbchen zu tun, aber bewiesenermaßen wirkt es. Denn beim Meditieren wird der Hirnstoffwechsel angeregt, die Dopaminerhöhung und der höhere Serotoninlevel beeinflussen deinen Antrieb und verbessern deine Stimmung. Außerdem wird weniger Cortisol (ein Stresshormon) ausgeschüttet. Meditierende kommen nachweislich mit täglichem Stress besser zurecht als Nicht-Meditierende: Sie können Gefahrenlagen besser einschätzen und reagieren nur dann, wenn es notwendig ist. Sie entspannen sich nach einer Anstrengung schneller.

Bist du neugierig geworden? Dann probiere es doch einfach mal mit folgenden Übungen aus und du wirst im Alltag wesentlich entspannter sein.

Noch ein kleiner Tipp zum Schluss: Meditieren ist wie Zähneputzen – nur wenn du es regelmäßig machst, bringt es auch was!

Erstelle ein Achtsamkeitsprotokoll!

Wie oft achtest du im Sportunterricht auf dich selbst? Überleg mal: selten oder gar nicht?

Falls ein Gefühl gar nicht vorhanden ist, kreuzt du „0" an, ist es mittelmäßig vorhanden, kreuzt du → an, und wenn es sehr hoch vorhanden ist, kreuzt du ↑ an.

Kopiere dir die Tabelle, lege sie an eine unauffällige Stelle (z. B. auf dein Klemmbrett) und kreuze alle zehn Minuten an, wie dein Gefühlsstand ist.

	nach 5 min	nach 15 min	nach 25 min	nach 35 min	nach 45 min
Freude	0 ☐ → ☐ ↑ ☐	0 ☐ → ☐ ↑ ☐	0 ☐ → ☐ ↑ ☐	0 ☐ → ☐ ↑ ☐	0 ☐ → ☐ ↑ ☐
Interesse	0 ☐ → ☐ ↑ ☐	0 ☐ → ☐ ↑ ☐	0 ☐ → ☐ ↑ ☐	0 ☐ → ☐ ↑ ☐	0 ☐ → ☐ ↑ ☐
Enthusiasmus	0 ☐ → ☐ ↑ ☐	0 ☐ → ☐ ↑ ☐	0 ☐ → ☐ ↑ ☐	0 ☐ → ☐ ↑ ☐	0 ☐ → ☐ ↑ ☐
Hilflosigkeit	0 ☐ → ☐ ↑ ☐	0 ☐ → ☐ ↑ ☐	0 ☐ → ☐ ↑ ☐	0 ☐ → ☐ ↑ ☐	0 ☐ → ☐ ↑ ☐
Wut	0 ☐ → ☐ ↑ ☐	0 ☐ → ☐ ↑ ☐	0 ☐ → ☐ ↑ ☐	0 ☐ → ☐ ↑ ☐	0 ☐ → ☐ ↑ ☐
Anstrengung	0 ☐ → ☐ ↑ ☐	0 ☐ → ☐ ↑ ☐	0 ☐ → ☐ ↑ ☐	0 ☐ → ☐ ↑ ☐	0 ☐ → ☐ ↑ ☐
Angst	0 ☐ → ☐ ↑ ☐	0 ☐ → ☐ ↑ ☐	0 ☐ → ☐ ↑ ☐	0 ☐ → ☐ ↑ ☐	0 ☐ → ☐ ↑ ☐

Abschließend kannst du dies analysieren. Gehe dabei immer lösungsorientiert vor.

Wenn du zum Stundenende oftmals beispielsweise bei „Freude" eine „0" ankreuzt, überlege, woran das gelegen haben könnte und wie du das ändern kannst. Wenn etwas also trotz vieler Anstrengungen nicht zu deiner Zufriedenheit funktioniert hat, versuche etwas Anderes!

Wenn du beispielsweise oft bei Freude „↑" angekreuzt hast, etwas also gut funktioniert hat, dann mache mehr davon!

Generell gilt: Beschäftige dich mehr mit der Lösung, statt dich zu sehr in die Problemanalyse zu vertiefen.

Die Methode ist zwar etwas aufwendiger, gibt dir aber Aufschluss über dein Befinden und bringt dich dazu, auf dich selbst zu schauen.

Dies trainiert auf lange Sicht deine Achtsamkeit und soll irgendwann dazu führen, dass du sie automatisiert anwendest.

Auch ohne Tabelle kannst du dich regelmäßig fragen: „Wie geht es mir eigentlich?" Du wirst sehen, dass du dich wesentlich intensiver und differenzierter wahrnimmst. Wenn du das öfter machst, frage dich nach jeder Stunde, warum du bei manchen Gefühlen eine größere Ausprägung angekreuzt hast.

Wechsle mal die Perspektive!

Jemand geht dir so richtig auf den Senkel. Konfliktsituationen gibt es in der Schule genug. Da hilft es, mal die Kameraeinstellung zu ändern.

Stelle dir vor, dass du durch eine Kamera schaust oder eine Fotoapp öffnest. Du hast an der Kamera/in der App viele Regler:

- Die **Farbe wird aus dem Bild genommen**. Du siehst dein Gegenüber nur noch in Schwarz-weiß. → Effekt: Die Konfliktsituation wirkt nicht mehr so intensiv.
- **Drehe am Zoom**. Dein Gegenüber wird immer kleiner. → Effekt: Auch dein Problem wird immer kleiner.
- Anschließend nutzt du die **Verzerrfunktion**. Du veränderst die Proportionen, der Kopf wird riesig oder total klein. → Effekt: Ähnlich wie im Spiegelkabinett ist die ganze Situation eigentlich nicht mehr so tragisch, oder?

Cocktail-Atmung – atmen und an den Strand denken:

Spitze ganz unauffällig die Lippen, stelle dir einfach vor, du hättest einen Strohhalm im Mund. Gerne kannst du auch die Augen zumachen und dir einen schönen Strand vorstellen. Und jetzt sauge durch den Strohhalm den ganzen Cocktail weg. Wiederhole dies fünfmal. Wenn du allein bist (und nur dann!), kannst du gern ein Schlürfgeräusch machen.

Die 4-7-8-Atmung:

Versuche es auch mal mit der 4-7-8-Atmung. Sie hat einen ausgleichenden und beruhigenden Effekt auf dein Nervensystem. Und so geht's:

- Lege dich in eine bequeme Position, am besten auf den Rücken.
- Drücke dann deine Zunge sanft hinter den Schneidezähnen an den Gaumen.

- Schließe den Mund, atme durch die Nase ein und zähle dabei langsam bis **4**.
- Halte den Atem an und zähle innerlich von 1 bis **7**.
- Atme langsam aus und zähle dabei bis **8**.
- Wiederhole dies viermal.

Die 4x4x4-Atmung:

Eine ganz einfache Methode, mit der angeblich sogar die Marines aus den USA ihre Stressresistenz ganz einfach trainieren, geht so:

Atme vier Sekunden tief durch die Nase ein und dann vier Sekunden durch den Mund aus. Das machst du vier Minuten lang – was echt lang werden kann! Am besten du stellst dir einen Timer.

SO SPARST DU ZEIT: GETEILTES LEID IST HALBES LEID

Sportunterricht bietet vielseitige Handlungs- und Bewegungsfelder, in denen es auch zu Unstimmigkeiten kommen kann. Aber: Egal ob du Neuling im Job oder „alter Hase" bist, alle Kolleg*innen können voneinander lernen oder sich in bestimmten Bereichen unterstützen.

Möglichkeiten für den Austausch:

- Lebt eine **offene Kultur des Miteinanders**. Tauscht euch bei Problemen rund um das Fach Sport einfach mit den Expert*innen vor Ort aus: den Kolleg*innen. Neben Pausen oder Freistunden ist es für das Miteinander doch auch nett, sich im Privaten auf einen Kaffee, zum Sporttreiben oder Kochen zu verabreden und dabei gegenseitig **Hilfestellung und Tipps** zu geben oder um Rat zu fragen.
- Über digitale Kommunikationstools können **Chatgruppen** z. B. nur mit Sportkolleg*innen erstellt werden. Für **schnelle Hilfe** und **kurze Fragen** eignet sich ein solcher Chat sehr gut. Beispielsweise kann man gezielt nach Material zu einem Thema fragen.
- Vereinbart auf Fachkonferenzen Zeiten für **Best-Practice-Beispiele**, in denen jede*r berichten kann, was in der letzten Zeit im Sportunterricht gut funktioniert hat.
- Öffnet euch in der Fachkonferenz auch für **Probleme**, indem explizit Zeit dafür eingeräumt wird. So können mehrere **Meinungen** und **Lösungsansätze** gehört und diskutiert werden.

Die kollegiale Fallberatung:

Die kollegiale Fallberatung ist ein tolles Werkzeug für schulische Fragen und Probleme. Oft bieten Schulsozialarbeiter*innen oder Beratungslehrkräfte solche Sitzungen an, zu denen auch fachfremde, interessierte Kolleg*innen eingeladen werden können. Der Ablauf grob skizziert sieht so aus: Du schilderst ein Problem, die Kolleg*innen stellen Rückfragen dazu, die Kolleg*innen übernehmen einen Perspektivwechsel und arbeiten an Lösungen und du wählst Lösungen für dich aus. Somit bekommst du als Kolleg*in mit Fragen auch über fachspezifische Antworten hinaus Anreize und Hinweise für die eigene Arbeit, was sehr hilfreich sein kann. Frage einfach mal in der Schule nach, wer eine solche Fallberatung durchführen bzw. daran teilnehmen würde. Eine offene Austauschkultur, in die regelmäßige Termine für solche Beratungen integriert sind, erleichtert die Arbeit ungemein.

Tolle Ideen rund um deine Unterrichtsvorbereitung

 NICHTS VERGESSEN! SO DENKST DU MIT STRUKTUR AN ALLES WICHTIGE FÜR DEN SPORTUNTERRICHT

„Mist, heute habe ich doch tatsächlich meine Sportschuhe vergessen und sitze selbst mit Socken am Rand!" – Damit dir diese und andere ärgerliche Situationen ab sofort nicht mehr passieren, erhältst du hier einige Anregungen. Sie sollen dir dabei helfen, dich und deine Sportstunden besser zu strukturieren und letztlich deinen Unterricht für dich zufriedener gestalten zu können.

Kein Stress mehr mit der Sporttasche!

Am besten packst du deine Tasche schon am Vorabend, dann vergisst du in der Eile keine wichtigen Dinge. Die Liste solltest du gut sichtbar an deinen Kleider- oder Küchenschrank hängen. Auf der Liste ist auch vermerkt, wie du mit dem Material in deiner Sporttasche umgehen solltest. Vergiss nicht die notwendigen Dokumente, das Dokumentationsmaterial, hilfreiche Vorlagen für jede Stunde und Spezielles für die Stunde in deine Tasche zu packen. Was das genau ist, kannst du im Folgenden lesen. Bis auf spezielles Material für jede Stunde kannst du fast alles in deiner Sporttasche lassen.

 Im digitalen Zusatzmaterial findest du die „Checkliste Sporttasche". Du kannst sie auf deine Bedürfnisse anpassen.

Mappe mit Dokumenten und Dokumentationsmaterial anlegen:

Lege dir eine Mappe mit allen wichtigen Dokumenten an:

- Telefonnummern von Schule, Hausmeister und Eltern
- Elternauskunft (Fähigkeiten und mögliche Krankheiten)
- Klassen- oder Kursliste (Dokumentation der Anwesenheit)
- Klassenbuch oder Kursheft (Dokumentation der Stundeninhalte)
- Notenheft (Dokumentation der Schülerleistung)
- Entschuldigungen oder ärztliche Atteste
- Kladde (erleichtert das Dokumentieren)
- Papier und Stift, Edding, Klebepunkte, Stoppuhr und Pfeife

Damit sicherst du deine Schüler*innen und dich ab, kannst alles direkt dokumentieren und ersparst dir Arbeitszeit am Schreibtisch.

Hilfreiche Vorlagen für jede Stunde:

Führe wichtige Kopien, Übersichten und Vorlagen mit, die du immer verwenden kannst und die dann schnell und effektiv zum Einsatz kommen können. Lege dir dafür in deiner Sporttasche am besten einen weiteren Ordner oder eine zweite Mappe an.

- Arbeitsblätter für Turnbeutelvergesser*innen
- Kopiervorlage mit Schülerleistung/besonderen Vorkommnissen als Rückmeldung für die Eltern
- Kopiervorlage mit Elterninformationen für den Sportunterricht
- Checkliste für Schüler*innen zum Packen der Sporttasche
- Verhaltensregeln für Schüler*innen im Sportunterricht
- selbst erstellte Übersicht mit einfachen Spielen für jede Stunde, zur Erwärmung, für die ganze Stunde …

 Im digitalen Zusatzmaterial findest du einen solchen „Selbst erstellten Notizzettel"!

- Karten/Übersichtsbilder zu Treffpunkten, Organisationsformen, Signalen, zur Gruppeneinteilung …
- Regelplakate für verschiedene Bereiche
- Satzanfänge zur Reflexion
- Karten/Übersichtsbilder zur freien Erwärmung
- Karte/Übersichtsbild zu Trinkstation, Trinkpause und Wertsachenkiste

Spezielles für die Stunde:

Passend für deine Unterrichtsstunde benötigst du ggf. weiteres Material:

- schriftliche oder digitale Stundenvorbereitung mit dem Stundenverlauf in Phasen
- Stationskarten oder zusätzliches ausgedrucktes Material
- Aufbau- bzw. Lagepläne für Spiele und zur Raumorganisation
- Kopie von Selbsteinschätzungsbögen, die die Schüler*innen nutzen, um ihre eigene Leistung am Stundenende zu bewerten
- Kopie von Beobachtungs-/Bewertungskriterien, die es dir ermöglichen, die gezeigten Leistungen deiner Schüler*innen zu beobachten und bewerten
- besonderes Kleinmaterial, das in der Sporttasche zu transportieren und nicht in der Halle vorhanden ist

SHARING IS CARING – GILT AUCH FÜR DIE UNTERRICHTSVORBEREITUNG!

Auch wenn es in vielen sportlichen Disziplinen so scheint, als wäre es ein*e Einzelkämpfer*in, der*die die sportlichen Leistungen bringt, steht doch dahinter ein ganzes Team mit besonderen Fähigkeiten, das sich um ihn*sie kümmert.

Gerade als Lehrkraft hast du oft das Gefühl, du müsstest alles allein bewältigen. Dabei steht dir doch ein kompetentes Team im Bereich Sport zur Seite: unsere Kolleg*innen! Alles studierte Menschen mit unterschiedlichen Fähigkeiten und sportlichen Vorlieben!

Es ist eine einfache Rechnung: Teilst du dir die Aufgabe mit nur einer Person, braucht jede*r nur halb so lange oder schafft in der gleichen Zeit doppelt so viel. Was passiert also, wenn alle Fachkolleg*innen mitarbeiten?

So könnt ihr vorgehen, um euch die Arbeit zu teilen:

- Sprich einzelne Kolleg*innen an, um **gemeinsam** mit ihnen **Einheiten** oder **Stunden auszuarbeiten**.
- **Teilt** eure **Erfahrungen** und **Arbeitserleichterungen** in der Fachschaft.
- Überlegt in der Fachschaft, wer in welchem Sportbereich **Expert*in** ist, z. B. über Trainertätigkeiten oder eigene Vorlieben. Diese Personen können als **Ansprechpartner*innen** bei Fragen und für Material zur Verfügung stehen.
- **Teilt Unterrichtsbausteine** anhand von Vorlieben und Neigungen in der Fachschaft **auf**. Überlegt euch **Standards für eure Einheiten** und **genutztes Material** oder eine Kurzverschriftlichung. Jede*r Kolleg*in arbeitet drei bis vier Bausteine aus, stellt sie den anderen entweder analog oder besser digital auf einem Schulserver oder in einer entsprechenden Cloud zur Verfügung und ist vielleicht sogar für das benötigte Material verantwortlich.
- In Fachsitzungen können **Rückmeldungen zu den Bausteinen** dazu dienen, diese zu evaluieren und ggf. als Gruppe nachzuarbeiten.

SO DIGITALISIERST UND SICHERST DU DEINE UNTERRICHTSVORBEREITUNG

Ob im heimischen Büro oder in der Lehrerbücherei in der Schule: Materialien, Bücher und Ordner türmen sich mit der Zeit zu hohen Stapeln auf oder nehmen meterweise Regal ein. Auch als Organisationsprofi findest du da nach einiger Zeit nichts mehr und viele gute Sachen geraten in Vergessenheit.

Eine Papierablage hat eine ganze Reihe an Nachteilen: Sie benötigt Platz, ist ortsgebunden, nur für eine Person auf einmal zugänglich und kann nicht „mal eben schnell" verändert und an die Lerngruppe angepasst werden. Aber gerade im Sportunterricht sind die Lerngruppen sehr heterogen, die Hallenbelegungen und der Materialbedarf wechseln oder Inhalte müssen erweitert oder reduziert werden, sodass eine Anpassung notwendig wird.

Die Lösung lautet: digitalisieren!

Denn: Digitale Vorlagen sind einfach anzupassen und können in verschiedenen Varianten abgespeichert werden.

Daher empfiehlt es sich, Materialien digital zu erstellen oder tolle Materialien (natürlich immer im Hinblick auf das Urheberrechtsgesetz) digital zu speichern. Langfristig ist es gut investierte Zeit, deine alten Papiervorlagen durchzugehen, auszusortieren und alles zu digitalisieren, was du brauchst.

Aber auch digitale Materialien können in Chaos ausarten. Hier haben wir dir wichtige Aspekte und ihre Lösungen für eine gute digitale Struktur zusammengestellt:

Aspekt	Lösungsansätze
Ordnung und Gliederung	• Es empfiehlt sich, für das Fach Sport nach Bewegungsfeldern und untergeordneten Sportarten zu sortieren. • Ab 20 Einzeldateien sollte ein neuer Ordner angelegt werden.
Ort	• Schulnetzwerke (Iserv, Microsoft Teams usw.) • gemeinsam genutzte sichere Cloud, für die alle Kolleg*innen einen Zugang haben
Nutzung	• Es empfiehlt sich, den Kolleg*innen die Struktur der Ablage in einer Fachkonferenz zu erklären.
Verwaltung	• Der Fachvorsitz übernimmt die Verwaltung der Dateien und Ordner, aktualisiert Dateien oder entfernt „Altlasten". • Einzelne Bereiche werden in der Fachschaft aufgeteilt.
Sicherung	• Jeden Monat wird eine Kopie der Ordnerstruktur und Inhalte extern auf einer Festplatte o. Ä. gesichert.
Inhalt	• Jede*r stellt gutes Material bereit. • In Fachkonferenzen werden Materialien erstellt oder Arbeitsaufträge verteilt. • Material von Verlagen usw. wird digital gekauft und abgelegt.
Aktualität	• Alles mit einem Zeitstempel älter als drei Jahre wird überprüft, ggf. aktualisiert oder gelöscht.
Benennung	• Über die Dateibenennung sollte bereits viel Information ablesbar sein, z. B. „Huetchenvoelkerball_Aufbauplan_Regeln".

Material für Bewegungsfelder

Name
- 1 Den Körper wahrnehmen und Bewegungsfähigkeiten ausprägen
- 2 Das Spielen entdecken und Spielräume nutzen
- 3 Laufen, Springen, Werfen – Leichtathletik
- 4 Bewegen im Wasser – Schwimmen
- 5 Bewegung an Geräten – Turnen
- 6 Gestalten, Tanzen, Darstellen – Gymnastik, Tanz, Bewegungskünste
- ✓ 7 Spielen in und mit Regelstrukturen – Sportspiele
- 8 Gleiten, Fahren, Rollen – Rollsport, Bootsport, Wintersport
- 9 Ringen und Kämpfen – Zweikampfsport
- Hallenplaner
- Organisationshilfen für die Turnhalle

Name
- Badminton
- Basketball
- Floorball
- Fußball
- Handball
- Mannschaftsspiele
- Tennis
- Tischtennis
- ✓ Ultimate Frisbee
- Volleyball

Name
- Ultimate Frisbee Einheiten
- Disc-Golf-Strecke.docx
- Schüler entwickeln Frisbeespiele.pdf
- Ultimate Frisbee – 9 einfache Regeln.pdf

Ordnerstruktur auf drei Ebenen, realisiert in Microsoft Teams

BLANKOVORLAGEN MACHEN DAS LEBEN LEICHTER!

Du musst das Rad nicht neu erfinden! In diesem Ausspruch steckt viel Wahres. Denn es gibt ja bereits einen sehr großen Pool an unterschiedlichsten Materialien zur Gestaltung deines Sportunterrichts. Und so vielseitig, wie diese Materialien sind, so vielseitig sind auch ihre Nutzer*innen und die Lerngruppen, für die sie gepasst haben.

Daher erstellt jede Lehrkraft weiterhin fleißig Material oder passt es an. Je häufiger du dies machst, desto leichter geht es dir von der Hand.

Erstelle deine eigenen digitalen Blankovorlagen!

Du kannst viel Zeit einsparen, indem du dir deine eigenen digitalen Blankovorlagen erstellst, auf deren Kopie du immer wieder zurückgreifen kannst. Neben der Zeitersparnis fließen auch deine Entwicklung und dein Wissen in die Vorlagen mit ein, denn mit der Zeit ändert sich dein Unterrichtsstil – eine digitale Vorlage kann schnell abgeändert werden.

Erstelle dir einen digitalen Ordner „Vorlagen" und speichere dort alle Vorlagen ab. Diese Vorlagen haben sich bewährt:

Aufbaupläne	Erstelle für jeden Hallenteil einmal eine Vorlage, in der alle Linien und fest montierten Geräte maßstabsgetreu angeordnet sind. Neue Aufbauten lassen sich so schnell realisieren.
Elternbriefe	Elternbriefe brauchst du jedes Jahr wieder. Eine gute Vorlage mit Briefkopf, Auswahlelementen, selbstständig automatisiertem Zeitstempel und einem Elternabschnitt zur Rückgabe solltest du immer schnell zur Hand haben.
Ankreuz- und Eintraglisten	Egal ob Bundesjugendspiele, Sportabzeichen, Zeiten im Schwimmen oder der Cooper-Test, als Sportlehrkraft brauchst du dauernd Listen! Bewährt hat es sich, in der ersten Spalte untereinander die Namen der Schüler*innen und in der ersten Zeile die Disziplinen einzutragen.
Stationskarten	Weniger erklären, mehr selbst entdecken! Stationskarten helfen deinen Schüler*innen dabei. Individuelle Vorlieben für die Textgestaltung, Bilder und Differenzierungsoptionen kannst du einmal layouten und dann immer wieder verwenden.
Übungskarten	Einzelne Übungen für das selbstständige Lernen können auch gut in visueller Form dargeboten werden. Eine Übungskarte hat neben einer Überschrift meist ein bis drei Bilder, einen prägnanten Erklärtext, ggf. Zeit-, Wiederholungs- oder Niveauvorgaben.
Unterrichtsreihen / Unterrichtsplanung	Um Unterrichtsreihen schneller zu planen, hilft dir ebenfalls eine Vorlage. In einer Tabelle kannst du neben Schwerpunkten der Stunde auch Übungen und Erklärungen, Skizzen und Bilder sowie benötigtes Material und Sozialformen festhalten. Digital lassen sich beispielsweise Skizzen in Textbearbeitungsprogrammen sehr einfach mit Formen und Linien darstellen.
Aufgaben und Arbeitsblätter	Hast du einmal ein gutes Layout für Aufgaben gefunden, das deiner Arbeitsweise gerecht wird, speichere es dir als Vorlage ab. Auch Arbeitsanweisungen kopierst du für neue Aufgaben einfach und änderst sie nur minimal aufgabenspezifisch ab.

Volleyball			Angabe	
Schwerpunkt	Übung /Erklärung	Skizze	Variationen	Material
Angabe unten	L. demonstriert Angabe von unten, leicht tiefe Position, Schlagarm gestreckt, Anwurfarm hält Ball in Vorhalte, flache Hand, mal leichte Wölbung, Treffen mit Hand/Unteram, Streckung des Körpers Richtung Ball, Einlaufen ins Feld			
	Übungen		S spielt sich eigenständig Angaben an Wand Angabe, danach pritschen, fangen, 10x zu zweit, A Angabe, B pritscht zurück Spielform: Distanz erhöhen nach jedem geglückten Versuch	je SuS ein Ball Wand
	Übungen		zu zweit übers Netz, Partner muss fangen (ggf. als Wettkampf) zu zweit an Wand: Aufschlag und Partner fängt zu zweit an Wand: Aufschlag, Partner pritscht sich zu und fängt	1 Ball je Duo, Netz Wand
	Übungen		Zielangabe: Partner stehen sich durch Netz getrennt gegenüber, Ball muss so angegeben werden, dass Partner ihn fangen kann Variation: in Kästen, auf Matten, in Reifen treffen	je Duo ein Ball Netz

Darstellung einer exemplarischen Unterrichtsplanung

CURRICULUM KOMPAKT – KURZ, KNAPP, PRÄZISE

Die Begriffe „Lehrplan" und „Curriculum" sind zwar ungemein wichtig, wenn es um die Planung von Unterricht geht, rufen aber sicher bei keiner Lehrkraft Freudensprünge hervor – besonders dann nicht, wenn sie in Zusammenhang mit Fortbildungstagen oder Arbeitsaufträgen fallen.

Dabei kann aber gerade ein sehr kompaktes, übersichtliches und inhaltlich auf mehreren Ebenen gut aufgearbeitetes Fachcurriculum in mehrerlei Hinsicht helfen, die eigene Arbeit und die Zusammenarbeit in der Fachgruppe zu verbessern und zu erleichtern. Zudem ist es mit ein wenig Vorarbeit schnell erstellt.

 „Curriculum kompakt" – eine Vorlage hierzu findest du im digitalen Zusatzmaterial!

Tipps hierzu findest du hier:

- Einigt euch in der Fachschaft auf eine **übersichtliche Darstellungsform**, die nicht mehr als zwei DIN-A4-Seiten ausmacht.
- Sucht **verbindliche Inhalte des Lehrplans** eures Bundeslandes heraus, die sich im Fachcurriculum wiederfinden sollen. Neben den **Bewegungsfeldern**, **Dauer**, **Jahrgang** und **pädagogischen Perspektiven** sind dies meist **Kompetenzen**. Diese Inhalte sind oft sehr starr vorgegeben, sodass man sie 1:1 aus dem Lehrplan übernehmen bzw. auswählen kann.
- Entscheidet euch für **eigene Inhalte**, die ihr in eurem Curriculum verorten wollt. Dies sind methodische und didaktische Entscheidungen, Gegenstände und Material, Leistungsbewertungskriterien, Fördermaßnahmen für Inklusion, konkrete Hilfen und Hinweise, wie Literatur, Experten, Adressen von Vereinen usw.
- Layoutet eine **Vorlage**, am besten in **tabellarischer Form**, in die man in Stichpunkten schreiben kann.
- Verteilt **Arbeitspakete zu Unterrichtsvorhaben** mitsamt der Vorlage an Teams mit mindestens zwei Personen, z. B. auf einer Fachkonferenz oder einem Fortbildungstag. Jede*r hat an-

dere Stärken, sodass diese beim Erarbeiten auch einfließen können, und im Team macht die Arbeit auch mehr Spaß. Zudem könnten diese Teams auch in Zukunft mit der Überarbeitung ihrer Ergebnisse betraut werden.

- Ergänzt in Zukunft ggf. **verbindliche Materialien** oder gebt **Hinweise**, welche Materialien **digital oder analog** in der Schule vorliegen.
- **Sammelt** die einzelnen **Curriculums-Ausarbeitungen** und verteilt sie **digital an alle Fachkolleg*innen**.
- Plant regelmäßig eine **Überprüfung des Curriculums** ein. Nehmt euch entweder einzelne Bewegungsbereiche in einer Fachkonferenz vor oder Bewegungsfelder eines ganzen Jahrgangs. Kontrolliert z. B. folgende Aspekte:
  – Passt die **Länge** des Vorhabens?
  – Passt der **zeitliche Rahmen**?
  – Waren **Geräte und Materialien** verfügbar?
  – Gibt es **Tipps**, **Ergänzungen** und **Erweiterungen**?
  – Müssen **Inhalte** gestrichen und ergänzt werden?
  – Gibt es **weitere Materialien** oder **Differenzierungsformen**?

SO ARBEITEST DU MIT AUFBAUPLANUNGS-TOOLS

Ein Bild sagt mehr als tausend Worte. Denn Bilder vermitteln Informationen effektiv und sprechen auch andere Lerntypen an.

Nutze moderne Aufbauplanungs-Tools!

- Eine optisch sehr ansprechende Variante, der „WIMASU-Hallenplaner", kann unter https://wimasu.de/ als Einzel- oder Schullizenz kostengünstig erworben werden. Aufbauten werden mit ihm in Microsoft PowerPoint visualisiert.
- Eine gute und auch einfach zu bedienende Alternative ist der „SAF-Aufbauplaner" unter http://www.stefanie-a-fischer.de/. Dieser arbeitet in Microsoft Word-Formaten und ist als Einzellizenz, ggf. auf Anfrage auch als Schullizenz, erhältlich.

Bei beiden Planern findest du einen vorgefertigten Gerätefundus, der alle Geräte und Materialien abdeckt, Hallenskizzen und Beispiele. Einfach und schnell können Geräte kopiert, gestellt, gedreht, eingefärbt und anschließend ausgedruckt werden.

Zusätzlich kannst du auch eigene Anmerkungen, Hinweise, Materialbedarfe und sogar Laufwege einzeichnen.

Ein solcher visualisierter Aufbauplan hat verschiedene Vorteile:

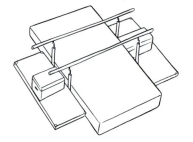

- Deine Schüler*innen können sich beim Aufbau daran orientieren, Stichwort: „**Was kommt wohin?**".
- Du kannst **Aufbaugruppen schnell zuteilen**, entweder direkt in der Stunde oder bereits durch Farben, Nummern usw. auf dem Plan selbst.
- Laminiere den Aufbauplan und er ist **immer wieder verwendbar**. Speichere den Plan zusätzlich digital ab.

- Durch **Ergänzungen**, **Einzeichnungen von Laufwegen** oder einer **Auflistung der verwendeten Materialien** kannst du Stunden einfacher planen, umsetzen und wiederholen.
- Ein Aufbauplan **erspart** dir **Zeit** in der Erklärung und bei der Stundenvorbereitung, da du ihn immer wieder verwenden kannst.
- Du kannst den Aufbauplan **mit Kolleg*innen teilen** oder über Kollaborationsprogramme sogar **gemeinsam erstellen**.

WIE DU AUS BILDERN EINE STATIONSKARTE ERSTELLST

Das Internet bietet für den Bereich Sport viele hilfreiche Anleitungen und Tutorials: Vom Yogakurs bis zum auspowernden HIIT-Training ist alles dabei. Elemente daraus bieten sich oft auch für den Sportunterricht an – aber sei ehrlich, ist deine Halle mit Beamer, Leinwand oder einer Multimediaanlage ausgestattet?

Wie du einen Mini-Beamer verwendest:

Möglichkeit 1: Wenn du eine gute Internetverbindung hast, kannst du mithilfe eines Mini-Beamers, den du ans Handy anschließt, jede weiße Wand schnell umfunktionieren.

So erstellst du ganz einfach Stations- und Übungskarten:

Noch einfacher ist Möglichkeit 2: Hier zeigen wir dir, wie du mit einfachsten Mitteln Stations- und Übungskarten erstellen kannst.

Hierzu brauchst du lediglich ein Textbearbeitungsprogramm wie Microsoft Word, ein einfaches Bildbearbeitungsprogramm wie z. B. Paint, ein Snipping Tool für Screenshots, einen PC und Internet.

- **Vorbereiten:** Erstelle zuerst eine leere Vorlage für deine Stationskarte. Beachte dabei Folgendes: Wie viele Bilder soll die Karte haben? Soll es Text geben? Welche Schriftgrößen und -arten haben die Textteile? Soll es eine Vorder- und Rückseite geben? Gibt es Differenzierungsmöglichkeiten?

 „Vom Bild zur Stationskarte" – eine Karte als Vorlage befindet sich im digitalen Zusatzmaterial!

- **Kopieren:** Jetzt kannst du deine Vorlage für die Stationskarte immer wieder digital kopieren und die Kopie bearbeiten. Bei Problemen oder Fehlern kannst du so leicht von vorne beginnen.
- **Inhalte auswählen:** Spiele das Video am besten im Vollbildmodus ab. Suche dir möglichst eine Anfangs- und eine Endposition einer Übung. Bei schwierigen Übungen ist auch eine Zwischenposition empfehlenswert. Stoppe das Video. Schneide mit dem Snipping-Tool das Standbild des Videos. Muss es bearbeitet werden, nutze das Bildbearbeitungsprogramm. Füge das Bild in deine kopierte Vorlage ein. Um es verschieben zu können, nutze die Layoutfunktionen des Textbearbeitungsprogramms.
- **Bildreihen:** Lege die Bilder so nebeneinander, wie der Ablauf der Übung ist. Gruppiere sie nach Möglichkeit, um ein Verschieben zu vermeiden.

- **Texte:** Hilf den Schüler*innen durch erklärende Texte. Hilfreich sind Positionen des Körpers und der Extremitäten, kurze Bewegungsabläufe oder schwierige Phasen. Achte auf eine präzise, kurze und bei jüngeren Schüler*innen auf eine einfache Sprache.

- **Anreize:** Du möchtest deine Karten häufiger benutzen oder auch Anreize für unterschiedliche Lernende schaffen? Dann nutze Differenzierungen, wie z. B. unterschiedliche Übungswiederholungen oder unterschiedliche Schwierigkeitsgrade der Ausführung.

Tipp: Natürlich geht dies auch ohne Videos. Das Internet bietet eine Vielzahl an Bildern, die einfach genutzt und in Übungskarten integriert werden können. Beachte jedoch bei dem ganzen Prozess immer, was du im Rahmen des Urheberrechts darfst und was nicht.

Organisation rund um den Sportunterricht – alles im Griff

KLEINE HELFER – GROSSE WIRKUNG: SO BIST DU MIT WENIG MATERIAL AUF ALLE SITUATIONEN VORBEREITET

Der Sportunterricht hält für dich und deine Schüler*innen immer wieder unvorhersehbare Situationen bereit: Du planst mit zwei Hallenteilen und hast dann doch nur ein Hallenteil zur Verfügung oder wichtiges Material ist gerade bei einer anderen Lehrkraft, kaputt oder verschwunden … Spontan muss ein neuer Unterrichtsinhalt her!

Wähle hier aus, welche „kleinen Helfer" für dich nützlich sind, und packe sie in deine Sporttasche.

Kleinmaterial für die Sporttasche:

Damit du auf diese und weitere Situationen bestmöglich vorbereitet bist, findest du hier einige „kleine Helfer" für einen möglichst aktiven Sportunterricht – für dich spontan geplant, aber für deine Schüler*innen sieht es nach einem durchdachten Unterrichtsvorhaben aus.

- **Kartendecks** sind zur Einteilung von Gruppen oder Paaren, zum Gestalten einer Kartenstaffel oder zum Königsfangen einsetzbar.
- **Gummi- oder Tauchringe** können für die Spiele Ringhockey oder Parteiring Verwendung finden.
- Ein **Pezzi- oder Gymnastikball** kann zum Elefantenfußball eingesetzt werden.
- Zwei kleine **Puzzle** mit ca. 50 Teilen können zum Puzzlelauf im Pendelstaffelformat verwendet werden.
- Mit einer **Pfeife** kannst du Signale auch im spielerischen Zusammenhang geben.
- **Würfel** sind vielfältig einsetzbar, z.B. für einen Würfellauf, eine Mal-Lauf-Staffel, eine Würfelpyramide oder das Würfeln von sportlichen Aufgaben zu unterschiedlichen Bereichen.
- Ein **Tennisball** genügt für das Spiel Schuhtennis und weitere Spiele.
- **Wäscheklammern** eignen sich zum Einteilen von Gruppen oder Paaren und zum Klammernfangen.

 „Ideen mit Kleinmaterial" – genauere Erklärungen, was du mit dem Kleinmaterial alles machen kannst, findest du im digitalen Zusatzmaterial!

Kopiervorlagen für Kleine Spiele und Bewegungsimpulse:

Solche Kopiervorlagen sind echte Alleskönner und bringen dich und deine Schüler*innen schnell und einfach weiter, um variabel auf unvorbereitete Situationen zu reagieren oder den Sportunterricht trotz vergessener oder verpatzter Planungen dennoch zu meistern. Sie sind mehrfach, in jeder Klasse und differenziert einsetzbar. Zur besseren Stabilität und Haltbarkeit kannst du sie laminieren.

- **Karten mit Laufwegen und Laufvariationen** lassen die Schüler*innen im „Zettellauf" variationsreich und ausdauernd laufen.
- Eine **Pyramide mit den Zahlen von 1–6** lässt sich in Kombination mit einem **Würfel** zum Würfellauf oder zum Durchführen von Übungen in einer bestimmten Reihenfolge verwenden.
- **Bewegungsaufgaben** zu bestimmten sportlichen Themen können kombiniert mit einem **Würfel** als Würfelaufgaben jederzeit durchgeführt werden.
- Für einen Würfellauf benötigt man eine **Übersicht mit Zahlen**, die die Schüler*innen nach dem Laufen durchstreichen können.
- Bei einer **Mal-Lauf-Staffel** werden Malen und Laufen in einer Vorlage kombiniert.
- Ein **Lageplan** zeigt den Aufbau eines **Hindernisparcours** in der Halle, den die Schüler*innen durchlaufen.
- **Lage- und Hallenpläne** zu bewährten und bekannten Spielen ermöglichen den Schüler*innen einen selbstständigen Aufbau.
- Mit Bildern zu den häufigsten **Sozial- und Organisationsformen** kannst du den Schüler*innen einfach und schnell zeigen, wie sie sich aufstellen sollen.
- **Laufbingo** ist angelehnt an das bekannte Spiel Bingo. Hier geht es darum, sowohl variationsreich zu laufen als auch durch Zufall die passenden Kärtchen zum „Bingo" zu ziehen.

 „Kleine Spiele und Bewegungsimpulse" – genauere Erklärungen zu den Spielen findest du im digitalen Zusatzmaterial!

MIT REGELN UND RITUALEN SCHAFFST DU STRUKTUR UND SICHERHEIT!

Das Wort „Regeln" ist oft negativ konnotiert. Gerade im Sportunterricht gehe es doch um Spaß und Freude an Bewegung, da müsse man sich nicht an genaue Vorgaben halten und Regeln verhindern auch kreative und selbstbestimmte Prozesse – so sehen das viele Sportlehrkräfte, die wenig von Regeln und Ritualen halten.

Meiner Meinung nach ist das Gegenteil der Fall! Arbeitet man mit Gruppen gerade im sportlichen Bereich zusammen, muss es Regeln und Rituale geben, an die sich jede*r zu halten hat, sodass ein effektiver, bewegungsintensiver und für alle zufriedenstellender Sportunterricht überhaupt möglich ist.

Und so arbeitest du mit Regeln:

Das Entscheidende ist, **welche** Regeln und Rituale man einführt und dass sie nicht im Vordergrund stehen, sondern die strukturierten Fäden im Hintergrund darstellen. Entscheidend ist auch, wie du sie formulierst und ob sie zu deiner Lerngruppe und vor allem zu dir passen. Du weißt: Die Vorgaben, die in der einen Lerngruppe funktionieren, müssen nicht automatisch in anderen Gruppen den gewünschten Effekt zeigen. Dann nicht die Geduld verlieren und gänzlich darauf verzichten, sondern genau hinsehen, was du und die Gruppe benötigen!

Insgesamt solltest du nicht zu viele Regeln aufstellen (vier bis fünf genügen) und diese nicht alle kompakt zu Beginn einführen. Das wirkt abschreckend und einengend. Außerdem solltest du sie situationsangemessen einführen, sodass die Regeln direkt eingesetzt und eingeübt werden können. Präsentiere die Regeln übersichtlich, formuliere sie positiv und für alle transparent. Beziehe deine Schüler*innen in den Entstehungsprozess ein.

Für diese Bereiche im Sportunterricht solltest du Regeln aufstellen:

- Wege zum Sport und vor dem Unterricht
- Verhalten in der Umkleide
- Verhalten vor, in, während und nach dem Unterricht
- Treffpunkte
- Sportbekleidung
- Krankschreibung
- Verhalten bei Unwohlsein
- Turnbeutelvergesser*innen
- Wertsachen
- Trinkpausen
- Abmeldung beim Toilettengang
- Material, Materiallager und Materialtransport
- Auf- und Abbau
- faires Miteinander
- Lauf-, und Ausdauerübungen und -spiele
- Wurf-, Schuss- und Fangübungen und -spiele
- kämpferische Übungen und Spiele
- kooperative Übungen und Spiele
- Partner- und Gruppenarbeit
- …

Passende Regeln zu finden und zu etablieren, erfordert Disziplin und teilweise Innovation seitens der Lehrkraft und der Schüler*innen. Allerdings lohnt sich der Aufwand, wenn man bedenkt, dass Regeln allen Beteiligten ein hohes Maß an Sicherheit, Gemeinschaftsgefühl und Struktur bieten. So werden bestimmte Abläufe erst ritualisiert ablaufen, wenn sie mehrfach durchgeführt und erfahren wurden. Als Lehrkraft musst du mit gutem Beispiel vorangehen. Verzichtest du beispielsweise mehrfach auf eine gemeinsame Begrüßung an einem bestimmten Ort in der Halle in einer gewünschten Raumorganisation, so kannst du davon ausgehen, dass deine Schüler*innen zu Beginn keine Begrüßung mehr erwarten und einfach darüber hinweggehen. Überlege dir also gut, welche Regeln für dich sinnvoll und dir wichtig sind oder vielleicht schon grundsätzlich durchgeführt werden.

… und so entstehen Rituale:

Gut eingeübte Regeln werden als Rituale nach mehrfacher Wiederholung wie selbstverständlich eingefordert und sind abrufbar. Hier habe ich einige Beispiele zusammengestellt:

- Die Begrüßung und/oder der Stundenabschluss erfolgen gemeinsam an einem bestimmten Ort in einer bestimmten Raumorganisation.
- Die Erwärmung läuft durch ein Spiel oder ein Setting (z. B. freie Erwärmung, gemeinsame Übungen im Kreis) immer gleich ab.

- Die Schüler*innen dürfen sich das Aufwärmspiel wünschen.
- Bei einem bestimmten positiven Verhalten (z. B. Punktverhältnis von mehr als fünf) darf dieses Team das nächste Mal beginnen.
- Es gibt Signale für bestimmte Unterrichtssituationen, z. B. Heben der Hand = Ende des Spiels.

UNTERRICHTSBEGINN – STRUKTURIERT UND ORGANISIERT

Perfekt organisiert zu sein heißt, dass du von Anfang an mit Struktur und Organisation an den Sportunterricht herangehst. Und dieser beginnt nicht erst, wenn die Schüler*innen mit dem Aufwärmen starten. Bereits im Vorfeld musst du einige wichtige Punkte klären. Überlege dir anhand der folgenden Fragen, was für deine Unterrichtssituation die praktikabelste und am meisten strukturbietende Lösung ist.

Diese Fragen solltest du für dich vorab klären:

- Wie kommen die Schüler*innen zum Sportunterricht?
- Wie, wann und mit wem betreten die Schüler*innen die Sportstätte? Müssen die Schüler*innen auf dich warten oder dürfen sie die Sportstätte allein betreten?
- Wo ziehen sich die Schüler*innen um?
- Wie verhalten sich die Schüler*innen in der Umkleide?
- Wo gehen die Schüler*innen hin, wenn sie sich umgezogen haben?
- Was bringen die Schüler*innen mit in die Sportstätte? Wertsachen? Getränke?
- Bringe ich eine extra Wertsachenkiste mit oder dient ein umgedrehter kleiner Kasten dazu?
- Wo stellen die Schüler*innen ihre Getränke ab?

Zum Stundenbeginn solltest du weitere Bereiche organisiert integrieren:

- Wo ist der Treffpunkt für die Begrüßung, welche Raumorganisation wird hierfür gewählt?
- Welche Formalitäten für die Stunde müsst ihr klären, wie z. B. Anwesenheit, Krankenstand, Besonderheiten für die geplante Stunde?
- Wo befinden sich Wertsachenkiste und Getränkestation?
- Gib einen Ausblick auf die Stunde. Was sind die Ziele der Stunde, was beinhaltet sie?
- Gib Fragestellungen bekannt, die später beantwortet werden.
- Welche Erwartungen stellt ihr an die Stunde?
- Wie erfolgt die Erwärmung?

Gut eingeübte Strukturen werden als Rituale nach mehrfacher Wiederholung eingefordert, sind abrufbar und bieten für alle Beteiligten ein erhöhtes Maß an Sicherheit.

💡 SO GESTALTEST DU DEN UNTERRICHT STRUKTURIERT UND ORGANISIERT

Sicher hast du auch schon mal gedacht, wie chaotisch der Unterricht im anderen Hallenteil aussieht: Da fliegen Bälle ziellos durch die Luft, die Lautstärke ist unerträglich und die Schüler*innen laufen wild durcheinander.

Damit dir das oder ähnliche Szenarien nicht passieren, beginnst du mit der organisierten und strukturierten Gestaltung des Sportunterrichts bereits zu Hause am Schreibtisch und setzt dies in der Halle fort und um. Durch die Organisation vorab wird während des Sportunterrichts eine hohe Bewegungszeit mitbegünstigt, die dir Ruhe und Zeit für den Blick auf andere Dinge ermöglicht.

Wenn du eine Antwort auf diese Fragen hast, hast du das Grundgerüst eines organisierten und strukturierten Unterrichts:

- Welche Regeln sind für die Stunde wichtig? Welche führe ich neu ein? Auf welche bestehenden Regeln baue ich auf oder welche fordere ich ein?
- Welche Rituale sind der Gruppe bekannt und können erwartet werden? Welche muss ich noch vertiefen oder möchte ich neu einführen?
- Welches Material wird benötigt? Ist es in der Halle vorrätig? Muss es aus einer anderen Halle geholt werden? Muss ich spezielles Material mitbringen?
- Welches Material erleichtert mir die Organisation und sollte in meiner Sporttasche bleiben?
- Welches konkrete Material, wie Stationskarten, Lagepläne, Kleinmaterial usw., benötige ich für die Stunde?
- Was kann der*die Materialwart*in aus dem Materialraum holen?
- Welche Ansagen oder Erklärungen sind entscheidend für das Ziel der Stunde? Wie will ich sie formulieren? Notiere ich das, was ich sagen möchte?
- Welche Raumwege sind passend und sinnvoll?
- Welche Übungen und Spiele bauen vom Material, von der Organisationsform und vom Inhalt gut aufeinander auf? In welcher Reihenfolge ordne ich sie in der Stunde an?
- Welche Zeit wird für Auf- und Abbau benötigt? Wer räumt was weg oder baut es auf? Wie viele Schüler*innen werden dazu benötigt?
- Welche Sozialform ist in welcher Situation geeignet?
- Welche Organisationsform passt zu welcher Unterrichtssituation? Wie erläutere oder zeige ich den Schüler*innen, in welcher Form sie sich aufstellen oder arbeiten sollen?
- Wie und in welcher Anzahl an Schüler*innen sollen Gruppen oder Paare eingeteilt werden? Wie viele Personen in einer Gruppe sind zweckmäßig? Wie viele Gruppen in der Halle sind sinnvoll? Durch welche Zahl muss ich die Gruppe teilen, um welche Anzahl an Schüler*innen zu erhalten?
- Ist die Bewegungszeit ausreichend hoch? Trage ich den individuellen Bedürfnissen der Schüler*innen mit dem Inhalt ausreichend Rechnung?
- Integriere ich alle Schüler*innen ausreichend?
- Wie gehe ich mit Regelverstößen um? Mit welchen sinnvollen Konsequenzen haben Schüler*innen zu rechnen?

- Welche Aufgaben erhalten Schüler*innen, die krank sind oder ohne Sportsachen auf der Bank sitzen?
- Wo platziere ich die Wertsachenkiste? Wo befinden sich die Getränke der Schüler*innen?
- Wann sind Trinkpausen sinnvoll? Wie viele sind notwendig? Wie sollen sie ablaufen?

Fragen über Fragen, die es abzuarbeiten gilt. Da kann man leicht den Überblick verlieren.

Überlege dir beim Durchgehen der Fragen, was vorab zu organisieren ist, womit du dir die Stunde einfacher machen kannst und was konkret noch in der Stunde zu tun übrig bleibt. Entscheide dabei auch, was bereits als fertige Kopie oder Kleinmaterial (z.B. Lagepläne, Stationskarten, Bilder von Organisationsformen, Würfel, Wäscheklammern, Bilder zur Gruppeneinteilung usw.) in die Sporttasche kommt, was du auf einen Notizzettel zu deiner Unterrichtsvorbereitung legst und woran du noch denken wolltest (z.B. wichtiges Material, konkrete Formulierungen, neuer Materialwart, Ansagen zu Beginn usw.).

Wie für deine Schüler*innen, so gilt auch für dich: Mehrfach durchgeführte Abläufe und Strukturen funktionieren nach kürzester Zeit und wenigen Wiederholungen automatisiert und ritualisiert. Der Aufwand lohnt sich und bringt am Ende allen mehr aktive Bewegungszeit, denn: Du kannst den Blick auf das eigentliche Sportgeschehen richten, ohne dass dich Organisationsaufgaben unnötig aufhalten.

UNTERRICHT OHNE CHAOS BEENDEN

Im grundlegenden Dreischritt des Unterrichts ist es logisch, aber leider nicht die gängige Praxis, den Unterricht auch organisiert zu beenden. Obwohl gerade im Ende und in der Reflexion von Arbeitsprozessen die eigentliche Bewusstwerdung von Lernfortschritten steckt, wird der Ausklang meist untergeordnet behandelt.

Ideen für das Stundenende:

Überlege dir, was deine Schüler*innen heute durch die Sportstunde gelernt haben und wie du dies in ihr Bewusstsein rückst.

Dafür ist es in einem ersten organisatorischen Schritt wichtig, eine geeignete Form zu finden.

- Welche Organisationsform ist für den Ausklang geeignet (Gesprächskreis, Bankdreieck, andere Formen)?
- Dürfen die Schüler*innen ihr Getränk für die Abschlussrunde mitnehmen?
- Benötigen die Schüler*innen Material, wie z.B. Stifte, Klebepunkte oder einen Schreibblock? Haben die Schüler*innen das Material selbst dabei oder stellst du es bereit?
- Benötigst du eine Tafel, eine Pinnwand, ein Tablet oder andere Medien?

Im zweiten Schritt entscheidest du, worüber und wie darüber gemeinsam reflektiert werden soll.

- Was war der Stundeninhalt? Hatten die Schüler*innen schon während des Unterrichts Fragen zu beantworten, die nun besprochen werden?
- Anhand welcher Frage/welchen Fragen soll reflektiert werden? Gibst du einen konkreten Satzanfang (z.B. „Heute habe ich dazugelernt, dass ...") vor?

- Bietet sich ein Barometer mit einer Fragestellung, wie z. B. „Die Aktivität im Unterricht heute war zu niedrig/angemessen/zu hoch", an?
- Ist eine Zielscheibe mit mehreren Fragestellungen geeignet?
- Kannst du Selbsteinschätzungsbögen verteilen, damit die Schüler*innen ihren individuellen Lernfortschritt besser reflektieren können?
- Standen soziale Ziele im Vordergrund der Stunde, über die eine offene Aussprache erfolgt?

Schließe mit einem Ausblick auf die folgende Sportstunde ab.

HALLENAUSSTATTUNG CHECKEN – GROSSER AUFWAND, DER SICH ABER LOHNT

Das ist dir sicher auch schon mal passiert: Du hast deine Stunde gut geplant und freust dich auf die Aktivität mit deinen Schüler*innen. Beim Aufbau stellst du allerdings fest, dass das Material nicht in ausreichender Menge oder gar nicht vorhanden ist. Das ist ärgerlich! In vielen Fällen kannst du das aber durch Vorarbeit verhindern und unter Umständen sogar deine Schüler*innen aktiv beteiligen.

Inventur machen!

Macht eine Inventur des Materials. Für jede Turnhalle, in der du unterrichtest, wird das dort vorhandene Material aufgelistet. So könnte die Tabelle aussehen:

Name der Turnhalle:

Materialname	Anzahl	Lagerort in der Halle	Sportart, Spiel- und/oder Übungsmöglichkeit
1 Seile/Ropes	20	Holzschrank rechts	Rope Skipping, Gleichgewichtsübungen, Hindernisparcours
2			
3			
4			
5			

Die letzte Spalte füllt ihr mit Sportarten, Spiel- oder Übungsideen aus, die mit dem vorhandenen Material möglich sind.

Ergänze die Tabelle durch Fotos, um das Material wieder an die richtige Stelle zu räumen oder um sich vom Schreibtisch aus inspirieren zu lassen, welche Einsatzmöglichkeiten das Material der Halle noch bietet. Mit diesem kleinen Trick wird vielleicht nicht immer dasselbe Material verwendet und abgenutzt. Du bist bereit, auch mal etwas Neues auszuprobieren. So finden alle Anschaffungen Verwendung und verstauben nicht im Schrank.

Die Liste stellst du den Kolleg*innen zur Verfügung oder ihr erstellt sie gleich gemeinsam in der Fachschaft. Die Listen können als große Übersichten an der Schrankaußenseite (auch für Schüler*innen geeignet) oder an der Schrankinnenseite platziert werden.

Nicht oder nur schwer zu planen ist natürlich, wenn eine andere Klasse zeitgleich auf denselben Materialpool Zugriff hat und das benötigte Material bereits vergeben ist.

Noch mehr Tipps für Ordnung:

- Vereinbart einmal im Jahr **zwei Reinigungsstunden**. Alle Kolleg*innen der Fachschaft fassen mit an, jeder Ball, jedes Gerät wird einmal herausgeholt, auf Funktionsfähigkeit überprüft und wieder sachgerecht eingeräumt.
- Plant die **Gerätelagerung bei Mehrfachhallen möglichst themenbezogen**. Wenn Geräte nicht wild über verschiedene Hallenteile hinweg verlagert werden müssen, entsteht weniger die Gefahr, dass sie falsch zurückgebracht werden.
- Zeichnet **Umrisse der Großgeräte auf den Boden** der Geräteräume. Bedenkt dabei aber auch Laufwege und die Transportfähigkeit anderer Materialien.

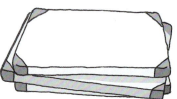

- Beschriftet **Materialschränke** mit ihrem Inhalt und in den Schränken jedes Fach. Wird auch die Anzahl der Materialien dazugeschrieben, hilft dir das dabei, am Ende der Stunde schnell alles durchzuzählen.
- Markiert **Großgeräte mit verschiedenen Farben** und teilt die Geräteräume den Farben zu. Damit kannst du schnell sehen, ob die Geräte überhaupt in diesen Raum gehören.
- Setzt einen oder mehrere Kolleg*innen als **Gerätewarte** ein. Spätestens in der Fachkonferenz können diese auf Probleme hinweisen, die dann besprochen werden. Hilfreich ist dazu auch ein Plan, in den einfach eingetragen wird, welche Probleme in oder nach welcher Stunde in welchem Teil der Sporthalle auftauchten.
- Wird die Halle von mehreren Schulen oder Vereinen genutzt, vereinbart eine **halbjährliche Sitzung** zusammen mit dem Hausmeister, um Probleme und Anregungen abzusprechen. Diese Treffen können sehr gut auch für die Planungen gemeinsamer Projekte, Kooperationen oder Anschaffungen genutzt werden.

HALLENZEITEN BESSER PLANEN – AUFBAUTEN INTENSIV NUTZEN

Manche Sportstunden kannst du nur mit einem intensiven Materialaufwand bewerkstelligen. Klar, solche „Materialschlachten" kannst du über gute Aufbaugruppen und ein gutes Stundenmanagement realisieren. Oft sind solche Stunden derart motivierend, dass die Schüler*innen dann gar keine Lust auf den Abbau haben und lieber länger Sport treiben wollen. Und sicher tut es auch dir in der Seele weh, die aufwendigen Aufbauten wieder zu entfernen.

Trefft Absprachen!

- Sprecht innerhalb der Fachschaft ab, ob ihr wollt, dass z. B. alle siebten Klassen hintereinander Sportunterricht haben. Dann könnt ihr diesen Wunsch an die für die Stundenplanung veantwortliche Person herantragen. So können **aufwendige Aufbauten von verschiedenen**

- **Klassen hintereinander genutzt** werden – der Effekt: Entweder Aufbau- oder Abbauzeiten fallen weg.
- Plant **sportartspezifische Großaufbauten** innerhalb des Curriculums verbindlich mit ein. Achtet innerhalb der Fachschaft darauf, dass ggf. Aufbauten **jahrgangsübergreifend** genutzt bzw. Materialien nicht mehrfach benötigt werden.
- Hilfreich können fertig **visualisierte Aufbaupläne** sein, die neben den besten Positionen für Aufbauten das vorhandene Material der eigenen Sporthalle berücksichtigen sowie allen Sportkolleg*innen eine Organisationshilfe an die Hand geben. Digital erstellt und so abgespeichert, dass jede*r schnell darauf zugreifen kann, kann ein solcher Plan auch mit der Zeit abgeändert oder variiert werden.
- Erstellt eine **Übersicht**, in der fest und verbindlich Großaufbauten sportartspezifisch **für bestimmte Wochen oder Tage** eingetragen werden (beispielsweise für Turnen, Le Parkour, Geräteparcours in Fitness oder aufbauintensive Kleine Spiele).
- Alternativ kann es hilfreich sein, **mehrere Wochenpläne** aufzuhängen und von Sportkolleg*innen selbstständig eintragen zu lassen, wenn größere Aufbauten anstehen. Möchte ein*e andere*r Kolleg*in diese nutzen, trägt er*sie sich in anliegenden Stunden mit ein oder spricht dies persönlich ab. Wichtig dabei: Neben dem Thema sollten die Klasse, die Stunden und der eigene Name eingetragen werden. Stehen mehrere Hallenteile zur Verfügung, muss dies beachtet werden. Dies hat auch bei Vertretung den Vorteil, dass ein*e Fachkolleg*in ggf. diese Vorplanung nutzen kann oder auch in unterschiedlichen Klassenstufen ein und derselbe Aufbau zum Tragen kommt.

 ## SCHNELLER AUF- UND ABBAUEN MIT AUFBAUGRUPPEN

Oft willst du unterschiedliche Übungen anbieten, um zu differenzieren. Häufig geht das nur mit vielen Geräten und einem aufwendigen Aufbau. Sportbereiche wie Turnen oder Stationsarbeit benötigen sowieso mehr Geräte.

Klar ist: Ein schneller, geordneter Auf- und Abbau garantieren mehr Bewegungs- und Lernzeit. Um dies zu ermöglichen, richtest du am besten zu Beginn des Schuljahres feste Aufbaugruppen ein.

Dazu einige Tipps:

- Bilde lediglich **vier bis sechs Aufbaugruppen** zu maximal **fünf bis sechs Schüler*innen**.
- Teile die Gruppen so ein, dass sowohl die Geschlechter als auch die Leistungsstärken **gleichmäßig verteilt** sind.
- Notiere dir die Aufbaugruppen und teile ihnen Farben, Nummern oder Namen zu, um eine **schnelle Ansprache** zu ermöglichen.
- Lasse innerhalb der Aufbaugruppe **Rollen verteilen**, wie z.B. Gruppenleitung, Prüfer*in, Zeitwächter*in usw. Dies fördert die Verantwortung innerhalb der Gruppe, weil jede*r eine spezifische Aufgabe hat.
- Nimm dir selbst bei älteren Schüler*innen die Zeit, das **Verhalten im Geräteraum und den Transport der Geräte** am Anfang des Schuljahres einmal zu thematisieren. Erkläre den sicheren Transport, die Positionen von Geräten und relevante Sicherheitsaspekte.
- Visualisiere den Aufbau in einem **Hallenplan**. Kennzeichne im Hallenplan mithilfe von Farben oder Gruppennamen, welche Aufbaugruppe für welchen Bereich zuständig ist. Das spart viel Erklärungszeit!

- Betrachte den Aufbau als **teamfördernde Maßnahme**. Kleine Wettkämpfe auf Zeit spornen an: „Welche Gruppe baut am schnellsten auf?", „Welcher Aufbau erfüllt alle Sicherheitskriterien?" usw. Wichtig: Sicherheit ist zentral und muss thematisiert werden. Du als Lehrkraft kontrollierst den Aufbau immer nach.
- **Lobe!** Ein gutes Aufbau- und Abbaumanagement innerhalb der Kleingruppe solltest du von Zeit zu Zeit positiv in den Vordergrund stellen. Lasse die Gruppen selbst berichten, wie sie den Ablauf organisieren, um anderen Gruppen als Lernvorbild zu dienen.

- Nutze die Aufbaugruppen auch bei der Einteilung von Teams oder innerhalb der Stundenorganisation, um die Gruppe viel im **sozialen Miteinander** arbeiten zu lassen und sich gegenseitig zu stärken.
- **Baue mit auf!** Wenn die Schüler*innen sehen, dass du auch mit anpackst, steigert dies die Motivation. Zudem kannst du die Gruppen gezielt unterstützen, die durch Erkrankungen usw. dezimiert sind.

TREFFPUNKTE, ORGANISATIONS- UND SOZIALFORMEN: SO WÄHLST DU SIE SINNVOLL

Wann treffe ich mich mit den Schüler*innen an welchem Punkt der Turnhalle und in welcher Organisationsform? Wie schaffe ich es, dass die Gruppe sich korrekt aufstellt oder hinsetzt, damit wir etwas besprechen oder in eine Übung starten können?

Mit diesen Fragen solltest du dich beschäftigen, um den Beginn und das Ende des Sportunterrichts sowie Erklärungen zu Spielen oder Übungen so effektiv wie möglich zu gestalten.

Behalte dabei immer das Ziel des Treffens im Auge, um einen geeigneten Ort in einer bestimmten Form auszuwählen.

Welche Treffpunkte wofür?

- Für **kurze Absprachen oder Treffen**, die nur wenige erklärende Sätze beinhalten, bieten sich losere Zusammenkünfte und Orte mit niedrigerem Sitzkomfort an:
  - in einer Ecke ohne Organisationsform
  - an einer Linie, auf der alle in Reihe nebeneinanderstehen
  - im Halbkreis in der Halle sitzend oder stehend
  - im Vollkreis stehend

- Für **ausführliche Reflexionsrunden**, zur **Begrüßung**, für **intensive Besprechungen** oder zum **Ausfüllen von Arbeitsblättern** stellen komfortablere Sitzmöglichkeiten und Formen, in denen sich alle gut sehen und hören können, die geeignete Wahl dar:
  - einreihiger Sitzkreis auf dem Hallenboden
  - Halbkreis, ein- oder zweireihig auf dem Hallenboden sitzend
  - Bankdreieck
  - Bankreihen, maximal zwei Bänke nebeneinander und insgesamt vier hintereinander

Organisations- und Sozialformen

Die verschiedenen Organisations- und Sozialformen kannst du den Schüler*innen mithilfe einer Bildkarte präsentieren und sie mit der Ansage des Namens, z. B. „Bankreihe hintereinander", verdeutlichen. Die unterschiedlichen Formen lassen sich auch in spielerischer Art und Weise erarbeiten, indem die Schüler*innen gruppenweise so schnell wie möglich in die angesagte Form kommen sollen. Nach wenigen Wiederholungen wissen die Schüler*innen, wie sie sich jeweils positionieren müssen.

WIE DU CHECKLISTEN, SELBSTEINSCHÄTZUNGSBÖGEN UND BEURTEILUNGSÜBERSICHTEN EINSETZT

Gehören diese Methoden nicht eher ins Klassenzimmer? Der Einsatz dieser reflektierenden Herangehensweisen erscheint vielen Sportlehrkräften fremd und ungewohnt. Sportunterricht und Sporttreiben an sich sind jedoch mindestens ebenso komplexe Vorgänge wie die Denkprozesse in anderen Fächern. Im Sportunterricht kommt zu den Denkprozessen noch die aktive Bewegung hinzu.

Checklisten helfen, umfangreiche Aufgaben zu bewältigen!

Durch **Checklisten** werden komplexe Prozesse und Abläufe in kleine überprüfbare Aufgaben zerlegt. Sie helfen sowohl Schüler*innen als auch Lehrkräften, umfangreiche Aufgaben Schritt für Schritt zu bewältigen. Checklisten sind für organisatorische Aufgaben, z. B. für das Packen der Sporttasche, und für inhaltliche Bereiche, z. B. für das Einhalten von Kriterien zu einer Choreografie, einsetzbar.

 Eine „Checkliste Präsentationen/Choreografien beobachten und bewerten" findest du im digitalen Zusatzmaterial!

Selbsteinschätzungsbögen nutzen:

Selbsteinschätzungsbögen gliedern die Komplexität einer Aufgabe in kleine überprüfbare Teilkompetenzen und geben den Schüler*innen die Möglichkeit, sich ihre eigene Leistung transparent zu machen und zu beurteilen. Dafür gibt es bestimmte Kriterien zur Beurteilung. Die Schüler*innen können so in ihre eigene Leistungsbeurteilung integriert werden und die Notengebung scheint ihnen weniger willkürlich.

 Verschiedene Vorlagen zu Selbsteinschätzungsbögen findest du im digitalen Zusatzmaterial!

... apropos Notengebung ...

Sportliche Leistungen zu beurteilen, ist sehr komplex, fordert ein geschultes Auge sowie ausreichend Zeit und Möglichkeiten, jede*n individuell beobachten und bewerten zu können. Dabei genügt es nicht, dies nur in einer Situation zu tun. Setze dazu **Beurteilungsübersichten** ein, die die komplexen Bewegungen und Situationen in kleine überprüfbare Teilkompetenzen zerlegt darstellen. Lege dabei gut zu beobachtende kleine Sequenzen fest, die an drei bis vier einfachen Kategorien überprüft werden können. Setze Kreuze oder vergib direkt Noten. Die Übersichten helfen vor allem beim Begründen von Noten und erleichtern die Notengebung um ein Vielfaches.

 Ein Beispiel zu einer Beurteilungsübersicht findest du im digitalen Zusatzmaterial!

GRUPPENEINTEILUNG MAL ANDERS

Teams einzuteilen ist eine Standardaufgabe im Sportunterricht. Und sehr oft muss das schnell gehen, denn du willst ja viel Bewegungs- oder Übungszeit generieren! Das klassische Abzählen verschafft eine gewisse Heterogenität der Teams – solange die Schüler*innen das Prinzip nicht durchschauen und manipulieren, indem sie sich geschickt positionieren. Teams zu wählen birgt die Gefahr, dass immer dieselben Schüler*innen zuletzt gewählt werden und sich ausgegrenzt fühlen.

Varianten und Möglichkeiten zur Gruppeneinteilung:

- **Hohes Abzählen:** Bei dieser Variante werden mehr Zahlen durchgezählt, als Teams gebraucht werden. Willst du vier Teams bilden, lässt du bis acht abzählen und verbindest dann zufällig Zahlenpaare (beispielsweise gehen die Einser und Achter zusammen, die Dreier und Vierer usw.).
- **Für andere wählen:** Bestimme Schüler*innen, die reihum immer für das Nachbarteam wählen.
- **Aufstellung:** Die Schüler*innen stellen sich nach bestimmten Merkmalen in einer Reihe auf, z. B. alphabetisch nach Vor- oder Nachnamen, Größe, Schuhgröße, Fähigkeiten in der Sportart usw. Jetzt kannst du sie immer noch individuell sortieren, z. B. jede*r vierte ist im gleichen Team, die ersten sechs sind in Team A, die zweiten sechs sind in Team B usw.
- **Feste Zweierteams:** Für einzelne Unterrichtsvorhaben oder sogar für ein Halbjahr können feste Zweierteams besonders für das soziale Lernen hilfreich sein. Diese können nach Stärken, geschlechtsgemischt oder gezielt eingeteilt werden und lassen sich, einmal erstellt, vielseitig miteinander kombinieren.

- **Spielerische Zuordnung:** Über ein beliebiges Aufwärmspiel, bei dem einzelne Schüler*innen ausscheiden, getroffen, abgeschlagen usw. werden, kannst du ebenfalls Teams einteilen. Die entsprechenden Schüler*innen erhalten ein Markierungsband von dir: Die ersten fünf Schüler*innen bekommen ein blaues Band; das blaue Team ist gebildet usw. Alternativ werden die Farben reihum verteilt. So kann auch hier leicht variiert werden.
- **Apps:** Das Handy kann hier gute und schnelle Dienste leisten. Verschiedene Anbieter haben kleine Apps programmiert, in die man einmal alle Vornamen einer Klasse eintragen und per Zufall zuteilen lassen kann. Beispiele sind Group Maker für Android oder Team Shake für IOS.
- **Kartenziehen:** Mit einem einfachen Kartenspiel kannst du sehr schnell Teams bilden: Für Viererteams verwendest du die Symbole, für Achterteams die unterschiedlichen Spielfarben. Willst du vier Teams bilden, nutze die Spielfarben, aber reduziere die Anzahl der Karten usw.

Veränderst du die Spielkarten und ergänzt Formen und Symbole, sind viele weitere ungerade Gruppengrößen möglich. Um dich aber an deine Idee zu erinnern, schreibe dir eine Legende.

- **Stärkenvergleich:** „Suche dir einen Partner, der im Bereich XY ungefähr genauso gut/stark ist wie du, und stellt euch einander gegenüber an der Mittellinie auf!" So erhältst du zwei – zumindest aus Sicht der Schüler*innen – gleich starke Teams, die sich gegenüberstehen. Um diese Einteilung häufiger nutzen zu können, bildest du die Teams am besten nicht immer entlang der Mittellinie, sondern bringst beispielsweise auch mal Zweierpaare mit anderen Zweierpaaren zusammen, damit die Schüler*innen sich weiterhin ehrlich einschätzen.

Wichtig: Variiere die Methoden oft, damit die Schüler*innen deine Systeme nicht kreativ zur eigenen Gruppenbildung nutzen.

 ## FAIR BEWERTEN – EINE GROSSE KUNST!

Im Sportunterricht fair zu bewerten, ist nicht immer einfach. Du hast zwischen 20 und 30 Schüler*innen pro Lerngruppe, alle mit unterschiedlichen Voraussetzungen und einer anderen Sportvita, verteilt in der Sporthalle oder auf den Freiflächen, sodass du nicht alles überblicken kannst. Oft sind es Momentaufnahmen und einzelne positive wie negative Assoziationen, welche die Note prägen. Denn selbst bei 90 Minuten Sportunterricht bleiben dir nicht einmal drei bis vier Minuten, um eine*n Einzelne*n konzentriert zu beobachten. Wenn diese Momentaufnahme aber überhaupt nicht die Gesamtleistung abbildet, dann ist klar: Frust und Unverständnis aufseiten der Schüler*innen sind vorprogrammiert.

Wie machst du es besser?

- **Sei transparent!**
  - Sei **transparent** in deiner Bewertung. Verteile in jeder neuen Lerngruppe in jedem Schul(halb)jahr deine Bewertungskriterien, am besten als Handout. Nachfragen können einmal gezielt beantwortet und geklärt werden. Bestenfalls gibt es einheitliche Bewertungskriterien der Fachschaft, die von allen Sportlehrkräften deiner Schule so umgesetzt werden.
  - **Erkläre zu Stundenbeginn** deinen Fokus der Stunde sowohl inhaltlich als auch bezüglich der Bewertungskriterien. Hilfreich kann dabei eine übersichtliche Verschriftlichung sein, die während der Stunde an der Wand hängt und in Zwischenreflexionen immer präsent ist.

- **Beobachte und lasse die Schüler*innen sich selbst einschätzen!**
  - **Bewerte am Ende jeder Sportstunde** deine Eindrücke. Auch wenn du nicht alles immer im Blick haben kannst, gemittelt trügt dich **deine Einschätzung** nicht. Ausreißer werden so gemittelt und eine einigermaßen solide Notengrundlage entsteht.
  - **Konzentriere dich** reihum in der Sportstunde gezielt auf drei bis vier Schüler*innen. Innerhalb eines Schuljahres entstehen so **mehrere intensive Beobachtungszeiträume**, auf denen du deine Einschätzung begründen kannst.
  - Lasse die Schüler*innen sich selbst – anhand vorgegebener Kriterien – am Ende der Stunde in einer **Abschlussreflexion** bewerten. Schüler*innen bewerten sich oftmals selbstkritischer als du selbst. Weicht die Schüler*innennote stark von deinen eigenen Eindrücken ab, frage noch mal gezielt nach, anhand welcher Aspekte und Kriterien der*die Schüler*in

sich diese Note gibt. Neben der Selbstreflexion erhältst du hilfreiche Informationen, die dir vielleicht nicht aufgefallen sind.

- **Nutze ein Kompetenzraster!**
  - Nutze ein Kompetenzraster für deine Bewertung. Innerhalb des Kompetenzrasters sind **alle wichtigen Kriterien schrittweise und notenspezifisch aufgelistet** und der*die Schüler*in kreuzt die eigene Einschätzung mit einem Stift an. Du selbst kannst danach deine Bewertung in einer anderen Farbe ankreuzen. **Variieren eure Einschätzungen** zu sehr, kann dies **Anlass für gezielte Gespräche** sein, auf deren Grundlage man den eigenen Fokus gezielt auf den*die Schüler*in richtet oder Vereinbarungen für die kommenden Stunden trifft. Laminierst du solche Kompetenzraster und nutzt abwischbare Stifte, sind sie oft wiederzuverwenden.
  - Nutze eine **einfache, aber differenzierte Bewertung**. Mit Noten von 1 bis 6 verzettelst du dich leicht, denn wie rechnet man eine 1– oder eine 3+ um? Und schnell vergibst du auch mal ein Doppelminus oder Doppelplus … Jetzt wird es kompliziert! Besser: Ein **Punktesystem von 0 bis 15** (wie in der gymnasialen Oberstufe üblich) kannst du auch in der Sekundarstufe I nutzen, da es sich um ein sehr differenziertes System handelt und du schnell einen Mittelwert errechnen kannst. Diese Berechnung hilft dir dann, weitere pädagogische Aspekte miteinfließen zu lassen.

„Kompetenzraster mit Noten und Punkten" – eine Vorlage hierfür findest du im digitalen Zusatzmaterial!

FEEDBACKSYSTEME, DIE DU SCHNELL UND EINFACH UMSETZEN KANNST

Feedback ist ein wichtiges Instrument. Sowohl für dich, um Rückmeldungen zu Inhalten, Fähigkeiten, Reaktionen und zu deiner Planung zu erhalten. Aber auch für die Schüler*innen, um ihnen die Chance zu geben, positive wie negative Kritik zu äußern und vielleicht auch auf Aspekte einzugehen, die du nicht bedacht hast. Im Sportunterricht ist es insofern wichtig, als dass sich bei Spiel- und Übungsformen recht schnell unterschiedlichste Fragen und Probleme ergeben, die jedoch auch anderen helfen können oder die für die gesamte Lerngruppe von Relevanz ist.

Dabei ist es wichtig, dass Feedback situationsangemessen und schnell eingesetzt werden kann. Außerdem solltest du die Ergebnisse im Anschluss transparent machen. Die Wertschätzung für das Feedback muss sichtbar werden, ebenso die Tatsache, dass du Probleme klären möchtest. Es bietet sich beispielsweise an, mit der Klasse darüber zu sprechen, was zurückgemeldet wurde und wie du darauf eingehen willst. Du kannst natürlich auch gemeinsam mit den Schüler*innen an einer Lösung arbeiten.

Hier findest du einige Feedback-Möglichkeiten:

- **Blitzlicht:** Jede*r Schüler*in gibt reihum kurz ein Feedback ab. Die Aussagen werden nicht kommentiert.
- **Satzanfänge:** Lege Satzanfänge zu wichtigen Kriterien aus, welche die Schüler*innen vervollständigen. Beispiele: „Heute habe ich gelernt, dass …"; „Verbessern muss ich noch …"; „Ich will daran arbeiten, dass …"; „Loswerden möchte ich noch …".

- **Aufstellung:** Definiere in der Sporthalle einen Bereich ähnlich einer Skala. Du kannst dazu gut eine Hallenlinie verwenden. Ein Ende der Linie stellt das positive Ende dar („sehr gut"), das andere das negative Ende („sehr schlecht"). Stelle nun gezielt Fragen zu Unterricht, Miteinander, Inhalten und Motivation. Beispiel: „Wie gut hat dir die heutige Sportstunde insgesamt gefallen?" Die Schüler*innen sollen sich jetzt auf der Linie entsprechend ihrer Meinung positionieren.

- **Feedbackkarten:** Gerade um Stimmungen einzufangen, ist eine Methode mit **Postkarten** oder den beliebten **City-Cards** gut. Lege hierzu eine Auswahl von Karten mit unterschiedlichen Motiven aus. Die Schüler*innen ziehen zu verschiedenen Aspekten der Stunde eine passende Karte und sprechen darüber, warum sie diese Karte mit dem entsprechenden Motiv gewählt haben. Ein*e Schüler*in zieht beispielsweise eine Karte mit einem witzigen Spruch, weil er*sie in der Stunde witzige und lustige Situationen erlebt hat, eine andere Person zieht die Karte mit einer verregneten, trüben Landschaft, weil ihre Stimmung getrübt ist, da verschiedene Regeln heute nicht eingehalten wurden.

- **Zielscheibe:** Diese klassische Feedbackmethode kannst du auch im Sportunterricht nutzen. Drucke dir dazu vier bis sechs Blanko-Zielscheiben aus und laminiere sie. Überlege dir vor der Stunde maximal **vier Kriterien**, die bewertet werden sollen, z.B. Thema, Lerninhalt oder Lernklima, und schreibe sie in die entsprechenden Bereiche. Lege die Zielscheiben zusammen mit abwischbaren Folienstiften aus. Am Ende der Stunde geben die Schüler*innen einzeln ihre Bewertung auf den Zielscheiben ab und verlassen dann den Unterricht. Fotografiere die Ergebnisse und du kannst die Zielscheiben beim nächsten Mal wieder nutzen.

 Eine Vorlage für die „Zielscheibe" findest du im digitalen Zusatzmaterial!

- **Feedbackbogen:** Um eine Einheit abschließend zu evaluieren, ist gerade in höheren Klassenstufen eine differenziertere Rückmeldung über einen Feedbackbogen sinnvoll. Nutze hier eine tabellarische Form mit einer Skala, z.B. Schulnoten oder Plus- und Minuszeichen. Achte darauf, dass es bei der Rückmeldeskala keine Mitte (also kein „neutral") gibt. Der Vorteil eines Feedbackbogens ist, dass du sehr gezielt einzelne Teilbereiche abfragen kannst, beispielsweise auch, wie du wahrgenommen wirst (Die Lehrkraft „ist pünktlich", „ist gut vorbereitet", „ist motiviert", „erklärt Inhalte gut" usw.). Außerdem kann der Feedbackbogen mitgegeben bzw. wieder eingesammelt werden. Biete neben geschlossenen Fragen auch immer einen Bereich an, in dem sonstige Rückmeldungen notiert werden können.

- **Sporttagebuch:** Feedback kann auch sehr systematisch über ein Sporttagebuch erfolgen. Neben dem Inhalt der Stunde schätzen die Schüler*innen sich je nach Alter mit vorgefertigten Fragen oder Skalen selbst ein und schreiben ein Feedback für sich. Dies kann ritualisiert in den letzten Minuten der Stunde erfolgen und von Zeit zu Zeit von dir eingesammelt werden. Neben der Selbsteinschätzung der Schüler*innen erhältst du so sehr individuelle Rückmeldungen zu deinem Unterricht, auf die du auch gezielt im persönlichen Gespräch oder bei der differenzierenden Planung deines Unterrichts eingehen kannst.

- **Digitales Feedback:** Je nach Ausstattung der Schule kannst du auch digitale Feedbacks für deinen Sportunterricht, z.B. über Edkimo oder Microsoft Forms, erstellen. Der Vorteil neben einer visuellen Auswertung ist, dass du die gleiche Vorlagen-Datei immer wiederverwenden und unterschiedlichen Schüler*innengruppen zukommen lassen kannst. Einen Link dazu kannst du über ein Schulnetzwerk oder – falls vorhanden – über digitale Werkzeuge zur Aufgabenverteilung an eurer Schule verschicken.

SO KLAPPT SELBSTSTÄNDIGES AUFWÄRMEN

Schon beim Umziehen und der Vorbereitung für die Stunde merkst du: Es gibt schnelle und motivierte Schüler*innen und dann noch die Trödler*innen … Mitunter verlierst du schon an dieser Stelle wertvolle Bewegungszeit und die schnellen Schüler*innen sind genervt, weil nichts vorangeht. Oder sie müssen schon mal aufbauen – was die Motivation, sich zukünftig zu beeilen, wohl nicht fördert.

Probiere es doch mal mit einem freien Stundenbeginn mit Aufgaben zum eigenständigen Aufwärmen!

Das hat folgende Vorteile:

- Schnelle und motivierte Schüler*innen können schnell mit Bewegungsformen starten.
- Die Selbstständigkeit der Schüler*innen wird gefördert.
- Langsame Schüler*innen werden hoffentlich angeregt, sich mehr zu beeilen, weil sie den Stundenanfang mitbekommen wollen.
- Du hast mehr Zeit, organisatorische Dinge zu regeln oder vor der Stunde ein Gespräch zu führen.

Zu diesem Zweck erstellst du Anleitungen zum selbstständigen Aufwärmen, mindestens im DIN-A4-Format.

Diese einheitlich gelayouteten Anleitungen sollten neben der Sozialform auch das benötigte Material ausweisen, Bilder und Skizzen enthalten und in einfacher Sprache verfasst sein. Auch Aufgaben für nicht teilnehmende Schüler*innen oder Schüler*innen ohne Sportsachen sollten darin aufgeführt sein.

Je nach Vorlieben und Thema der Unterrichtsstunde kann es sich dabei um eine spezifische Erwärmung handeln, ein Spiel, eine wiederholende Übung oder um eine Kraft- oder Koordinationsschulung.

Die Aufgaben sollten einen sehr geringen Materialaufwand haben, sodass du ihn schnell zu Stundenbeginn realisieren kannst.

Wenn du solche Aufwärmübungen einsetzt, sprich das Vorgehen einmal mit der Lerngruppe ab bzw. wiederhole es am Anfang häufiger in Reflexionen. Erkläre, was du erwartest, wenn du solch eine Übung aushängst und das Material in der Halle bereitstellst.

Selbstständiges Aufwärmen

Lies dir die Anleitung erst gründlich durch und beginne dann!

Sozialform: Einzelarbeit   Material: keines

ACHTUNG: Schülerinnen und Schüler ohne Sportkleidung achten auf die Regeln und Sicherheit!

Linienlauf
Beginne an den Geräteräumen.
Laufe zur 1. Linie und zurück.
Laufe danach zur 2. Linie und zurück.
Laufe danach zur 3. Linie und zurück.
Usw.
Gehe am Ende außen herum zurück und beginne erneut.
Versuche unterschiedliche Geschwindigkeiten und andere Laufformen.
Konzentriere dich auf deinen Lauf und lasse die anderen ungestört laufen.

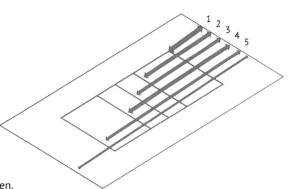

Beispiel für eine Übung zum selbstständigen Aufwärmen

SO FÜHRST DU EIN BUDDY-SYSTEM EIN

Allein Sport zu treiben, macht Spaß – aber im Team ist es meistens viel schöner! Und selbst die besten Individualsportler*innen haben Trainingspartner*innen oder Coaches, an denen sie sich messen und die ihnen eine Rückmeldung zu ihrer Leistung geben.

Teile Lernpartnerschaften ein!

Dieses Prinzip kannst du auch ganz einfach in deinem Sportunterricht einsetzen: Teile zu Beginn eines Halbjahres oder einer neuen Unterrichtseinheit Lernpartnerschaften, sogenannte Buddys, ein.

Die Buddys erarbeiten gemeinsam Inhalte, unterstützen sich, motivieren sich und geben sich Feedback.

Bei der Einteilung musst du Faktoren bedenken, die für dich in diesem Halbjahr oder der aktuellen Einheit im Fokus stehen. Eine Einteilung nach homogenen Leistungsparametern kann genauso viel Sinn ergeben wie eine heterogene Einteilung, auch geschlechtsgemischte Buddy-Teams können je nach Lerninhalt sinnvoll sein. Wichtig ist es, den Schüler*innen mitzuteilen, warum es dieses System gibt und wie du dir die Zusammenarbeit in den Lernpartnerschaften idealerweise vorstellst.

Diese Vorteile haben Lernpartnerschaften:

- Die Lernpartnerschaft unterstützt das **soziale Lernen**. Die Schüler*innen müssen lernen, sich auf eine Person verlassen zu können und selbst verlässlich zu sein, um ein*e gute*r Lernpartner*in zu sein.
- Buddys **kennen** irgendwann ihre **Stärken und Schwächen** und können diese zur Bewältigung von Aufgaben nutzen bzw. daran arbeiten.
- Innerhalb eines festen Buddy-Teams sind die Schüler*innen oft **ehrlicher, direkter und partnerschaftlicher** als in wechselnden Partnersituationen, da sie Lernwege gemeinsam beschreiten und ihre Fortschritte besser beurteilen können.
- Für dich als Lehrkraft bieten sich Buddy-Teams auch gut als **Instrument zur Gruppeneinteilung** an. Sie sorgen selbst in neu erstellten Kleingruppen für eine bessere Harmonie, weil sich die Schüler*innen in Teilen schon aufeinander eingestellt haben.

PERSPEKTIVWECHSEL – SCHÜLER*INNEN ALS PROFIS UND EXPERT*INNEN

Wir Lehrkräfte haben unterschiedliche Vorlieben und Eigenheiten, die uns und unseren Sportunterricht ausmachen, sowohl was die Vermittlungswege angeht als auch die Auswahl an Bewegungsangeboten innerhalb der Bewegungsfelder. Vielleicht hast du dich auch schon dabei ertappt, dass du z. B. ein bestimmtes Repertoire an Kleinen Spielen immer wieder nutzt, andere jedoch aus unterschiedlichsten Gründen auslässt. Und bestimmt gibt es auch Inhalte, mit denen du dich unwohl oder unsicher fühlst, die du einfach nicht magst …

Lasse die Schüler*innen planen!

Gib doch einfach Unterrichtsteile und Sequenzen angeleitet in die Verantwortung der Schüler*innen. Diese haben unterschiedliche Sporterfahrungen, Vorlieben oder kreatives Potenzial und können damit den Unterricht bereichern.

Die Schüler*innen sollen Phasen planen, anleiten, durchführen und ggf. reflektieren, denn auch dies sind neben dem aktiven Sporttreiben wichtige Kompetenzen im Sport, die besonders im beruflichen Bereich gefragt sind.

Wichtig dabei ist:

- Je jünger und unerfahrener die Schüler*innen sind, desto mehr **Anleitung, Hilfe und Struktur** brauchen sie dabei, desto mehr Zeit sollten sie haben und umso enggefasster muss die Phase sein.
  - Beispiel I: Eine Vierergruppe aus der fünften Klasse erhält eine Auswahl an Aufwärmübungen zum Thema. Die Gruppe soll drei Übungen auswählen, sinnvoll sortieren und den Mitschüler*innen in einer Sportstunde erklären, die in drei Wochen stattfindet.
  - Beispiel II: Eine Gruppe Elftklässler*innen erhält die Aufgabe, anhand eines Planungsrasters eine Unterrichtsstunde zur Angabe im Volleyball mit Aufwärmung, Übungs- und Spielphase, ggf. Abwärmphase und einer Feedbackrunde zu planen. Literaturhinweise werden ebenfalls gegeben. Die Stunde findet in der nächsten Woche statt.
- Die Schüler*innen müssen wissen, **was du von ihnen erwartest**. Ein Arbeitsblatt mit Anforderungen und Strukturhilfen unterstützt sie.

- Auch Aspekte, worauf es bei der Anleitung ankommt, welche **„Stolpersteine"** es bei der Planung gibt, **Hinweise zur Sicherheit** usw., solltest du mit der Lerngruppe schon wiederholt im Unterricht besprochen und reflektiert haben.
- Kooperative Erarbeitungsmethoden, wie z.B. ein Expertenpuzzle oder eine Gruppenarbeit in der Verantwortung der Schüler*innen, sollten schon vorab in den Unterricht integriert worden sein, sodass die Methode allen bekannt ist.

 „Schüler erarbeiten Stationen" – ein tolles Beispiel findest du im digitalen Zusatzmaterial!

STRUKTURIERTE ZWISCHENREFLEXION STATT STÄNDIGER STÖRUNGEN

„Herr Müller, wie war das noch mal?", „Frau Schmidt, der Tobias schummelt!", „Ist das eigentlich auch okay, wenn ich …?!"

Solche und andere Fragen während aktiver Phasen oder im Spielgeschehen kennst du sicher! Eigentlich willst du dich auf das Geschehen konzentrieren, beobachten, schiedsrichten, Hilfestellung leisten …

Biete Zwischenreflexionen an!

Um Unterbrechungen zu vermeiden, jedoch den Fragen und Rückmeldungen Raum zu geben, nutzt du am besten das Instrument der Zwischenreflexion. Diese etablierst du nach Spielrunden, aktiven Bewegungsphasen oder wenn du merkst, dass es inhaltlich im Unterrichtsgeschehen stockt. Rufe die Schüler*innen ritualisiert zu einer Gesprächsrunde zusammen und thematisiere hier alle Fragen, Probleme oder Umsetzungsmöglichkeiten. Auch alles, was dir selbst aufgefallen ist, kannst du hier zur Sprache bringen. Wichtig dabei ist es, dass die Schüler*innen wissen, dass es diese Zwischenreflexionen gibt bzw. geben wird.

Dadurch …

- werden **Probleme und Schwierigkeiten gezielt** in diesen Gesprächszeiträumen und nicht während Spiel- und Übungsphasen angesprochen;
- **erhalten alle Schüler*innen dieselben Informationen** und du musst Inhalte nicht mehrfach in kleineren Konstellationen ansprechen;
- können **Lösungen aus der Gruppe** erfolgen und schnell gemeinschaftlich vereinbart werden;
- können **Änderungen** im Bewegungsgeschehen oder in der Stunde unmittelbar **umgesetzt** werden;
- erhalten die Schüler*innen die **Sicherheit**, dass ihre Anliegen besprochen werden;
- kannst du deine eigene **Wahrnehmung** zentral einbringen und besprechen.

Hilfreiche Werkzeuge für eine Zwischenreflexion sind Impulskarten mit Satzanfängen wie „Ich habe folgende Frage: …" oder „Ich habe folgende Idee: …" bzw. den Oberbegriffen „Frage", „Regel", „Ablauf" usw. Auch eine Visualisierungshilfe wie ein Whiteboard oder eine Flipchart helfen, die Probleme und Lösungen der Zwischenreflexion festzuhalten. Als einfachste Lösung dienen ein laminiertes DIN-A4-Blatt und abwischbare Folienstifte.

WIE DU DIE STUNDENZIELE AN DEN ANFANG STELLST UND MEHR TRANSPARENZ ERZEUGST

Innerhalb der unterschiedlichen Bewegungsfelder gibt es verschiedene Möglichkeiten, ein Thema zu vermitteln und Stunden zu planen. Du als Lehrkraft hast die Expertise und entscheidest dich für eine Struktur. Dabei folgst du natürlich immer den Vorgaben des Lernplans und des Curriculums.

Anders als du sind die Schüler*innen aber keine Expert*innen in methodischen und didaktischen Fragen. Sie wissen nicht, warum du etwas so machst, wie du es machst. Warum es ihnen dann nicht einfach sagen?

Schaffe Klarheit!

- Besprich am Anfang der Stunde, was ansteht: Was hast du geplant und warum?
- Wichtig: Nutze nie den Satz „Weil es im Lehrplan steht." Auch der Lehrplan verweist auf Kompetenzen und Ziele, die man den Schüler*innen vermitteln kann.
- Thematisiere, welche Kompetenzen gefördert werden sollen oder was am Ende (besser) gekonnt werden soll als am Anfang.
- Sprich auch an, welche Erwartungen du an die Schüler*innen und ihre Leistungen hast und worauf du den Fokus bei der Bewertung legst.

Dieses Vorgehen hat folgende Vorteile:

- Du schaffst Transparenz für die Stunde. Alle wissen, was passieren wird, und können sich (mental) darauf einstellen.
- Die Schüler*innen erhalten eine Struktur für die Stunde.
- Deine Erwartungen werden klar und die Schüler*innen wissen, was sie machen müssen, um eine gute Note zu erreichen.
- In der Reflexion kannst du für dich erfahren, ob deine Intentionen mit den Inhalten der Stunde kongruent sind, indem du dies mit den Schüler*innen besprichst.
- Dieses Vorgehen hilft dir dabei, deine Planung zu optimieren und Stunden zu verändern.

Wie du als Sportlehrkraft schwierige Situationen meisterst

💡 GROßE KLASSEN – EINE HERAUSFORDERUNG!

Oft hast du 25 Schüler*innen oder mehr in deiner Sportklasse und weißt: Das ist logistisch und organisatorisch eine echte Herausforderung. Denn natürlich willst du großen Gruppen einen ebenso bewegungsintensiven wie abwechslungsreichen Sportunterricht bieten!

Tipps zu Organisation und Struktur:

- **Wähle passende Sozial- und Organisationsformen:** Wähle eine passende Form aus, bei der die Schüler*innen genügend Raum und Bewegungsmöglichkeiten und vor allem wenig Wartezeiten haben, wie z. B. Stationsarbeit, Gruppenarbeit, Partnerarbeit, Dreiergruppen, Kreisaufstellung, Gassenaufstellung. So ermöglichst du bereits durch die Form, dass die Bewegungszeit für alle hoch ist.
- **Halte die Bewegungszeit hoch:** Entscheide dich für einfache Spiele mit gleichzeitig hoher Bewegungsaktivität, um nicht länger als nötig zu erklären und auf weniger Raum (da ja mehr Schüler*innen da sind) trotzdem aktiv sein zu können.
- **Vermeide Auswechselspieler*innen:** Versuche, keine Auswechselspielenden zu bestimmen. Anstelle von zwei Teams mit vielen Auswechselspielenden bildest du lieber vier Teams auf kleinerem Raum. Bei bewegungsaktiven Sportarten können vier Teams gebildet werden, von denen immer zwei Teams eine relativ kurze Zeit gegeneinander spielen. Die übrigen zwei Teams haben dann Pause und halten sich am Spielfeldrand auf. Dadurch, dass die Spieldauer so kurz ist, wird das Warten als lohnende Pause angesehen.
- **Plane wechselnde Partneraktivität ein:** Teile die Schüler*innen in Zweierteams ein. Ein*e Partner*in durchläuft z. B. einen Hindernisparcours, danach ist der*die Partner*in dran und der*die Laufende hat Pause. Auf diese Weise kombinierst du Pausen und Aktivitäten optimal.
- **Wähle offene Unterrichtssettings:** Bei geschlossenen Übungsreihen entsteht viel Wartezeit, was umso schwieriger zu organisieren ist, je größer die Klasse ist. Biete deshalb viele Übungen an, welche die Schüler*innen selbstständig durchführen können. Lasse die Schüler*innen in Gruppen nach Vorgabe eigene kreative Übungen entwickeln. Kooperative Spiele, bei denen jedes Teammitglied eine Aufgabe hat, ermöglichen hohe Aktivität. Ebenso ist es mit taktischen Spielen, bei denen jede*r die eigene Rolle und Aufgabe finden kann.
- **Gestalte den Einstieg offen:** Starte deinen Unterricht ritualisiert und offen, beispielsweise mit einer freien Erwärmung bzw. Bewegungszeit am Anfang. Noch vor der Begrüßung können Schüler*innen, die sich schneller umgezogen haben als andere, die Sporthalle aktiv nutzen. Du kannst dabei jede Form der Erwärmung zulassen oder aber das Material vorgeben.
- **Schaffe Struktur:** Es liegt auf der Hand, sei aber an dieser Stelle trotzdem gesagt: Gerade bei größeren Gruppen sind Regeln, Rituale und klare Signale zwischen Lehrkraft und Schüler*innen immens wichtig. Achte darauf, dass du jede gut aufgestellte Regel und Struktur konse-

quent anwendest, denn das lohnt sich unterm Strich für alle Beteiligten! Du kannst Spezialaufgaben (z. B. Materialwart*in) vergeben, damit du nicht immer alles mit allen Schüler*innen gemeinsam organisieren musst.

Tipps zu Raum und Material:

- **Erhöhe die Anzahl des Materials:** Erhöhe bei kleinen Spielen mit Ball die Anzahl der Bälle auf mindestens zwei, besser drei oder vier (bei Abwurfspielen gerne mal fünf bis sechs) Softbälle. Generell sollten keine Bewegungspausen aufgrund von Materialmangel entstehen. Ansonsten mischst du einfach Material von verschiedenen Sportarten, z. B. Volleybälle, Gummibälle und Basketbälle, sodass für alle ausreichend Material da ist. Oder du gestaltest das Unterrichtsgeschehen in Form von Stationen. Auf diese Weise benötigst du jedes Material nur einmal pro Station.
- **Teile die Halle:** Teile die Halle mithilfe von Turnbänken in bis zu vier Spielfelder auf. Du kannst die Halle in drei Längsstreifen unterteilen, sodass sechs Gruppen gegeneinander spielen können (zur Abgrenzung verwendest du Turnbänke oder Pylonen). Stationen in verschiedenen Bereichen der Halle ermöglichen es ebenso, dass viele Schüler*innen gleichzeitig in Bewegung sind.

Die Schüler*innen spielen dann immer auf kleineren Feldern. Dies ist als besondere Anforderung zu sehen und sollte nicht als Nachteil, sondern als Vorteil in der besonderen Situation erachtet werden.

WIE DU MIT (SEHR) KLEINEN KLASSEN KLARKOMMST

Klar, im Vergleich zu 25 bis 30 Schüler*innen scheinen Sportklassen mit 8 bis 15 Schüler*innen erst mal paradiesisch. Kommst du aber in diesen vermeintlichen Genuss, wirst du feststellen: Bei einer sehr kleinen Gruppe gelingen die Spielideen, die man normalerweise einsetzt, plötzlich nicht mehr, die Sportstunde scheint sich unnötig in die Länge zu ziehen und für jedes Spiel fehlen irgendwie Personen.

Das solltest du grundsätzlich beachten:

- **Berücksichtige die Gruppendynamik:** Einigen Schüler*innen ist die kleine Gruppe unangenehm, da man intensiver beobachtet werden kann – es fehlt der „Schutz" der großen Gruppe. Andere Schüler*innen genießen die kleine Gruppe, die verstärkte Aufmerksamkeit der Lehrkraft und die Möglichkeiten, ihr Können zu präsentieren. Deine Aufgabe: Werde dir darüber bewusst, warum sich einige Schüler*innen anders verhalten als sonst, und bedenke, dass jede Gruppe ihre eigene Dynamik hat.
- **Mehr Individualität ist möglich:** Bei kleinen Sportgruppen kannst du auf individuelle Bedürfnisse, Wünsche und Neigungen der Schüler*innen besser eingehen. Außerdem erhöht sich deine Beobachtungszeit pro Schüler*in, wenn die Klasse kleiner ist.
- **Du musst aktiver sein:** Kleine Gruppen verlangen automatisch mehr Aktivität von dir als Lehrkraft. Du musst mehr Impulse bereithalten, da die Zeit, die sonst durch gruppendynamische oder organisatorische Prozesse verloren geht, entfällt. Du solltest mindestens zwei Impulse und Reserven mehr als üblich haben.
- **Mehr Pausen einplanen:** Bei kleinen Sportgruppen ist die Bewegungszeit für die Schüler*innen meistens intensiver – einfach, weil mehr Raum zur Verfügung steht und man sich mehr bewegt. Daher solltest du darauf achten, dass du mehr Pausen einbaust.

Das solltest du bei der Auswahl der Themen und Spiele beachten:

- **Wähle sinnvolle Themen:** Generell solltest du die individuelle Aktivität so hoch wie möglich halten. Das schaffst du mit Spiel- und Übungsformen, für deren Gelingen keine große Gruppe nötig ist, und die einen hohen Anteil an individueller Bewegung haben, z. B. einfache Pass- bzw. Wurfspiele auf kleinen Feldern, Fitnessübungen, Stationsarbeiten, Hindernisparcours, Übungsreihen, die „großen Spiele" im kleinen Format, Individualsportarten, Rückschlagspiele, Entwicklung von Choreografien, Raufen und Kämpfen, Inline-Skaten, Einsatz von Rollbrettern, Bewegungsgeschichten, Trampolinspringen, Frisbee, Waveboard fahren, Pedalo fahren usw.

  Alle Sportarten, die zu zweit oder allein gemacht werden, können in kleinen Lerngruppen gut und effektiv in spielerischer Weise durchgeführt werden.

- **Beachte: Nicht jedes Spiel ist möglich!** Auf Staffel-, Fang- und Abwurfspiele sowie auf Spiele über die ganze Halle solltest du, wenn möglich, verzichten. Sie stellen mit wenigen Schüler*innen kein befriedigendes Spielerleben und Bewegen im spielerischen Sinne dar.

- **Höherer Materialaufwand ist möglich:** Nutze die Vorteile: Mit einer kleinen Klasse kannst du aufwendige Aufbauten, die viel Material und Zeit erfordern, super durchführen.

  Mit wenigen Schüler*innen hast du also die Möglichkeit, Sportarten und Spielformen zu bearbeiten, die mit einer größeren Gruppe nicht oder nur viel schwerer möglich sind, z. B. Trampolinspringen. Denn durch die eingeschränkte Materialauswahl in Sporthallen sind viele Sportarten mit großen Sportgruppen meist nicht durchführbar.

SCHLECHT AUSGESTATTETE SPORTSTÄTTEN – KEIN PROBLEM!

Im Zweifelsfall geht es auch ohne oder mit wenig Material, denn der eigene Körper bietet genug Möglichkeiten, um sich aktiv in einer „leeren Halle" zu betätigen.

Spielideen und Übungsmöglichkeiten ohne Material:

- Koordinationsübungen
- Kraftübungen mit dem eigenen Körpergewicht
- Lauf- und Fangspiele, z. B. Fangen mit Hinsetzen, Fangen und durch Beine befreien, Linienfangen, Oktopusfangen, Hasenjagd: Pendelstaffel, Eckenlauf …
- Lauf- und Stoppspiele, z. B. „Fischer, wie tief ist das Wasser?", „Ochse, Ochse hinterm Berg" …
- Laufaufgaben, z. B. Zeitschätzläufe, Formationsläufe, Sprünge und Laufen über Linien, variationsreiches Laufen in verschiedenen Laufstilen, Linienlauf, Sechs-Tage-Rennen, zur Musik laufen …

Übungsmöglichkeiten mit wenig Material:

Beispiel: Turnbänke, kleine Kästen, kleine Matten, Medizinbälle und Softbälle sind vorhanden.

- **Turnbänke:** für Kraftübungen, zum Balancieren, zum Überspringen, zum Umkreisen, zum Springen
- **kleine Kästen:** für Kraftübungen, zum Überspringen, zum Umkreisen, zum Springen
- **kleine Matten:** für Kraftübungen, zum Überspringen, zum Umkreisen, zum Springen, als Stationspunkt
- **Medizinbälle:** für Kraftübungen, zum Transportieren, zum Werfen, zum Balancieren
- **Softbälle:** Abwurfspiele, Zuwurfspiele

Die genannten meist gängigen, „wenigen" Materialien, die in fast jeder Halle vorhanden sind, kannst du sehr gut untereinander kombinieren.

Mögliche Kombinationsmöglichkeiten sind:

- Hindernisparcours
- einfache Abwurf- und Zuwurfspiele, wie z. B. Völkerball, Brennball, Gefängnisball, Burgball, Sechserball, Zombieball – das geht immer!
- Stationsarbeit/Zirkeltraining mit Kräftigungsübungen

SO GEHST DU MIT LÄRM UM – „DIE LEISE SPORTSTUNDE"

Vom Berg aus in ein tiefes Tal „Echo" zu rufen, macht Spaß. Die Größe einer Sporthalle motiviert manche Schüler*innen dazu, dort dasselbe zu versuchen. Denn der Klang der Stimme verändert sich durch die Akustik der Halle leicht und fordert fast dazu auf, laut zu rufen. Sind viele Schüler*innen in der Halle, will sich jede*r behaupten und probiert es mit Lautstärke. Auf die Dauer ist das für dich und deine Schüler*innen sehr anstrengend und vielleicht sogar belastend. (Noch schlimmer ist meist nur die Akustik in einer Schwimmhalle …) Versuchst du als Lehrkraft, dagegen anzukommen, kann es passieren, dass du anschließend mit Kopfschmerzen oder Schwindelgefühl die Sport- oder Schwimmhalle verlässt.

Hier findest du Tipps, wie Lärm erst gar nicht entsteht:

- **Strukturiere und organisiere den Ablauf:** Sobald der Unterricht eine Struktur aufweist und alle wissen, was sie wann wie zu erledigen haben und welche Regeln gelten, schafft dies Sicherheit und lässt den Unterricht organisiert ablaufen. Der Raum für lautes, unkontrolliertes Reden oder Rufen wird gar nicht erst eröffnet. Je besser du selbst den Ablauf der Stunde im Griff hast, umso beruhigender und sortierter wirkt dies auf die Schüler*innen. Störenden Schüler*innen ist dann meist frühzeitig bewusst, dass sie durch laute Zwischenrufe oder unpassende Geräusche den Unterricht, ihre Mitschüler*innen und vor allem dich stören.

- **Arbeite mit Zeichen:** Überlege dir einfache Zeichen (Hand heben, mit dem Arm eine Richtung zuweisen …) für bestimmte Anweisungen. Sie ersetzen laute Rufe, die ein Spiel stoppen, einen Treffpunkt anzeigen oder eine Unterbrechung einfordern. Erkläre deinen Schüler*innen vorab, welches Zeichen was bedeutet. Auf diese Weise sorgst du selbst für mehr Ruhe und schonst deine Stimme.
- **Zeige Plakate oder Bilder:** Halte zur gewünschten Organisationsform eine Grafik hoch, welche die entsprechende Raum-Personen-Einteilung zeigt.
Lagepläne, die die Schüler*innen aufbauen sollen, klebst du an die Hallenwand und sparst dir somit viele Erklärungen.
- **Biete gezielt Möglichkeiten zum Lautsein:** Ein gelungener Spielzug oder fantastischer Wurf in den Korb – natürlich darf das Team sich dann lautstark freuen! Das solltest du nicht unterbinden. Dauert der Jubel zu lange, fordere die Schüler*innen zum Fortsetzen des Spiels auf.

Und wenn es doch zu laut geworden ist?

- **Reagiere bei Regelverstößen:** Überlege dir im Vorfeld, wie du sinnvoll mit Regelverstößen umgehen willst. So vermeidest du Diskussionen oder lautstarke Proteste. Sei dabei vor allem konsequent und fair in der Durchführung, denn das führt bei Schüler*innen meist zur Ablenkung vom Fokus des Unterrichts. Fühlen sich Schüler*innen unfair behandelt, reagieren sie gerade im Sportunterricht oft impulsiver als im Klassenzimmer. Denn im Sport zeigen viele meist eine aktivere Seite von sich und halten sich dabei nicht unbedingt an Regeln. Oft haben sie keine Lust, sich beispielsweise mit den Konsequenzen eines unerlaubten Wurfes an den Kopf des Gegenübers zu beschäftigen, denn sie sind ja „nur" im Sportunterricht.

- **Setze Körpersprache ein:** Versuche, allein durch einen Blick oder die Veränderung deiner Position eine*n Schüler*in zur Korrektur seines Verhaltens aufzufordern. Stelle zuerst Blickkontakt her und bedeute, ohne zu sprechen, was du von der Person möchtest. Probiere es aus und du stellst fest, wie viel mehr Ruhe es schafft, wenn du nicht quer durch die Halle Anweisungen rufst. Ist es schwer, Blickkontakt herzustellen, rufe den Namen und setze dann nonverbale Signale ein.
- **Sprich Unruhestiftende an:** Sind es nur wenige einzelne Schüler*innen oder kleine Gruppierungen, die immer wieder lauter sind, sprich sie an. Erkläre ihnen, welches Verhalten du dir wünschst.

 ## KEINE LUST AUF SPORT? – WIE DU MIT DEMOTIVIERTEN SCHÜLER*INNEN UMGEHST

Versuche herauszufinden, warum manche Schüler*innen lustlos oder nur mit wenig Elan am Sportunterricht teilnehmen. (Um positiv an die Sache heranzugehen: Immerhin nehmen sie teil und verweigern sich nicht komplett – du kannst ihre Motivation also noch fördern.)

Mache dir die vielfältigen Gründe für demotiviertes Verhalten bewusst:

- individuelle Befindlichkeiten abhängig von der Tagesform
- schlechte Erlebnisse mit vorherigen Lehrkräften oder Klassen
- generell uninteressiert an Sport
- keine Motivation, den „inneren Schweinehund" zu überwinden und an oder über eine bestimmte Leistungsgrenze zu gehen
- nicht schwitzen wollen
- negatives Selbstbild, was Sporttreiben betrifft
- Stigmata wie „Mädchen können nicht werfen" werden auf die eigene Person bezogen
- körperliche Dispositionen erschweren die Teilnahme
- falsche Vorstellungen vom Sportunterricht, z. B. von seinem Stellenwert („ist nicht wichtig")
- Einstellung der Erziehungsberechtigten zum Sportunterricht („Die Note in Sport zählt sowieso nicht.")
- Außenseiterposition in der Lerngruppe
- Gruppendynamik in der Lerngruppe
- fehlendes Interesse oder Aufmerksamkeit der Lehrkraft
- …

Sieh dir deine Schüler*innen genau an und versuche, durch Beobachtung in Erfahrung zu bringen, welche Gründe hinter dem gezeigten Verhalten stecken. Bist du dir nicht sicher oder willst deinen Eindruck bestätigen, führe ein Gespräch mit dem*der Betreffenden.

Im Umkehrschluss bedeutet dies für die Gestaltung deines Unterrichts: Du solltest einen motivierenden, mitreißenden und ansprechenden Sportunterricht bieten. Das ist bewusst etwas überspitzt formuliert und natürlich nicht immer einfach und möglich. Womit ein solcher Sportunterricht misslingt, ist durch das bloße Reinwerfen eines Balls.

Hier ein paar Kniffe und Ideen:

- **Übertrage Verantwortung:** Gib den Schüler*innen eine Aufgabe, die einen Beitrag zum positiven Gelingen des Unterrichts leistet. Übertrage Verantwortung an Schiedsrichter*in, Materialwart*in, Gruppensprecher*in oder einfach nur, indem die Schüler*innen sich ein Aufwärmspiel wünschen dürfen. So fühlen sie sich als unverzichtbarer Teil des Ganzen und können selbst mitgestalten – das motiviert zur Teilnahme am Sportunterricht.

- **Berücksichtige Individualität:** Gehe gezielter auf einzelne Schüler*innen ein, die dir auffallen. Überlege, warum sie wenig Motivation für den Sportunterricht aufbringen, und schenke ihnen Aufmerksamkeit. Dies kann ein Gespräch, eine Sonderaufgabe, ein Wunschspiel oder einfach nur ein Lob sein, sodass sie das Gefühl haben, von der Lehrkraft „gesehen zu werden".

- **Probiere neue Dinge aus:** Okay, am Ende des Halbjahres muss eine Note feststehen, aber gerade der Sportunterricht bietet die Möglichkeit, mal andere Dinge zu erproben, die nur Spaß machen können. Gestalte deinen Unterricht daher vielfältig! Warum nicht mal als Ziel ausgeben, mit so vielen Spritzern wie möglich im Wasser zu landen? Kleine Turniere mit Spaßcharakter lockern die Stimmung auf und heben die Motivation. Versuche, taktische Spiele auszuwählen, die nicht immer nur Schnelligkeit und Ausdauer fordern. Wenn auch die Kraft wichtig ist, berücksichtigst du eine größere Anzahl von Schüler*innen.

- **Erfolgserlebnisse schaffen:** Hast du Lust, immer und überall der*die Letzte zu sein? – Bestimmt nicht. Schaffe Erfolgserlebnisse für alle! Dafür musst du genau auf die einzelnen Bedürfnisse schauen. Lobe individuell, nicht allgemein. Durch vielfältige sportliche Aktivitäten und Möglichkeiten lässt du eine Vielzahl an positiven Situationen zu.

UNDISZIPLINIERTE UND IMPULSIVE SCHÜLER*INNEN – SO KOMMST DU KLAR

Eine klare Organisationsstruktur, Regeln, Rituale und Konsequenzen ermöglichen es dir, stressfreier und klarer mit undisziplinierten und impulsiven Schüler*innen umzugehen. Jede Lehrkraft hat ihre eigene „Schmerzgrenze" bei dem, was sie als Störung empfindet. Finde für dich heraus, was für dich akzeptabel ist und was nicht mehr geht. Das solltest du deinen Schüler*innen unbedingt mitteilen und in Form von Regeln festhalten.

Das kannst du tun:

- **Sprich Lob und Tadel aus:** Setze Lob und Tadel individuell und situationsangemessen ein. Beachte dabei, dass du Schüler*innen nicht vor anderen oder der gesamten Gruppe vorführst. Wird allerdings ein bestimmtes Verhalten gezeigt, z. B. ein Regelverstoß, den nicht alle mitbekommen haben und der nicht noch einmal passieren sollte, kannst du den Unterricht kurz stoppen, die Situation fair erläutern und die Konsequenz aufzeigen. Dies ermöglicht allen Beteiligten ein klareres Verständnis dessen, was erlaubt ist und was nicht – und bildet damit die Grundlage für einen gelungenen sowie störungsfreien Sportunterricht.

    Überlege dir vorab, welche Möglichkeiten dir zur Verfügung stehen bzw. welche du nutzen möchtest:
    – Bietet sich ein Time-out an, um erst mal wieder „abzukühlen"?
    – Stellt die Durchführung von zusätzlichen Sportübungen eine sinnvolle Konsequenz dar?
    – Benötigt der*die Schüler*in ein Gespräch, um das Verhalten zu reflektieren?

- Genügt ein nonverbales Zeichen?
- Musst du an den generellen Regeln etwas verändern, die allen Schüler*innen die Einhaltung der Disziplin erleichtern?

- **Verträge aufsetzen:** Wenn sich die gesamte Gruppe nicht an die Regeln hält und du keinen zufriedenstellenden Sportunterricht zustande bekommst, bietet es sich an, einen Verhaltensvertrag mit der Lerngruppe aufzusetzen. Dabei wirst du feststellen, dass es meist einzelne Schüler*innen oder Kleingruppen sind, die für Unruhe sorgen. Der Rest der Klasse fühlt sich meist ebenso gestört, traut sich aber nicht, etwas dagegen zu unternehmen. Halte in dem Vertrag, der von allen erstellt und unterschrieben wird, das gewünschte Verhalten fest und formuliere gemeinsam mit den Schüler*innen Konsequenzen für Regelbrüche.

Einen solchen Vertrag kannst du auch individuell für einzelne Schüler*innen aufsetzen und mit einer Selbst- und/oder Fremdbeobachtung ergänzen. Dann ist es wichtig, darüber gemeinsam mit dem*der Schüler*in zu reflektieren.

Beispiel: Besteht das Problem darin, dass jemand durch unangemessene oder laute Geräusche auffällt, könnte man zunächst eine Fremdbeobachtung durchführen, bevor eine Selbstbeobachtung gemacht wird. In der anschließenden Reflexion werden beide Beobachtungen verglichen und nach Gründen gesucht. Durch neue Verhaltensmuster, z. B. das Zusammendrücken einer Faust, werden die Geräusche ersetzt, auf diese Weise fühlt sich niemand mehr gestört.

- **Freiräume geben:** Viele Schüler*innen erwarten vom Sportunterricht, dass sie toben, ihre Kräfte rauslassen und ihren Bewegungsdrang ungehindert ausleben können. Dies solltest du deinen Schüler*innen in bestimmten Zeitfenstern ermöglichen. Denn das funktioniert, wenn es geregelt und sortiert abläuft.

Beispielsweise kannst du …
- eine freie Erwärmung zu Beginn des Unterrichts anbieten;
- Spiele mit einem hohen Anteil an Bewegung integrieren;
- freie Bewegungsminuten am Ende jeder Sportstunde zulassen;
- zusätzliche Bewegungsaufgaben als didaktische Reserve bereithalten.

- **Lasse die Schüler*innen Stress abbauen:** Integriere Spiele, die den Einsatz des kompletten Körpers erfordern und die Schüler*innen an ihre Leistungsgrenzen bringen. Vor allem für impulsive Schüler*innen ist es von großer Bedeutung, sich austoben zu können. Für alle Schüler*innen stellt der Sportunterricht eine deutlich bewegungsintensivere Betätigung als das Stillsitzen in der Klasse dar. So können beispielsweise Kampf- und Raufspiele oder Ausdauerspiele Stress und aufgestaute Situationen abbauen, einem die eigenen Grenzen aufzeigen sowie ein neues Körpergefühl verleihen.

SO REAGIERST DU IN SCHWIERIGEN SITUATIONEN

Gerade in heterogenen Lerngruppen kommt es häufiger einmal vor, dass sich die Gemüter erhitzen und an geregeltes Sporttreiben nicht zu denken ist. Die Gründe dafür sind unterschiedlich: Frust über das Verlieren, keine Lust, Ängste, Differenzen in der Lerngruppe usw. Oftmals beeinflussen jedoch die Befindlichkeiten eines einzelnen Gruppenmitglieds das gesamte Lernsetting. Eine kleine Auswahl an Strategien hilft dir dabei, sowohl derjenigen Person gerecht zu werden, als auch die Sportstunde nach kurzer Unterbrechung geregelt weiterlaufen zu lassen.

- **Bewahre Ruhe!** Das ist die Grundregel bei jedem Problem. Auch wenn du selbst emotional involviert bist, weil Störungen immer auch die Planung durcheinanderbringen: Bleibe ruhig. Atme zweimal tief ein und aus und überlege, was du tun willst.
- **Stoppe die Stunde:** Ist die Sportstunde gerade sehr aktiv und lebendig, stoppe sie. Du kannst deine Augen nicht überall haben. Biete eine Trinkpause an, hole alle zu einem Sitzkreis oder einer Reflexion zusammen oder friere die Situation kurz ein.
- **Transparenz und Verständnis sind wichtig:** Erkläre den anderen kurz und knapp, warum du es wichtig findest, den Sportunterricht jetzt kurzzeitig zu unterbrechen, welche (Sicherheits-)Bedenken du hast und wie die kurze Pause ablaufen soll. Ich-Botschaften sind wichtig. Lasse keine Diskussionen aufkommen.
- **Reflektieren lassen:** Liegt die Ursache des Problems eher in sozialen Differenzen oder Ängsten begründet, kann es hilfreich sein, die Schüler*innen darüber abseits des Geschehens einmal reflektieren zu lassen. Gezielte Reflexionsimpulse wie „Wie geht es dir gerade auf einer Skala von 1 bis 10?", „Was war der Anlass für die vorangegangene Situation?", „Was hättest du in der Situation anders machen können?", „Was hättest du dir von deinen Mitschüler*innen/von der Lehrkraft gewünscht?" o. Ä. auf einem laminierten Vordruck, die der*die Schüler*in schriftlich beantwortet, helfen ihm*ihr und auch dir, die Situation zu verstehen und Lösungsansätze zu erarbeiten.
- **Setze Auszeitübungen ein:** Liegt die Ursache des Problems in Frust oder zu viel „aufgestauter" Energie, können Auszeitübungen nützlich sein.

  Kleine Übungen, die sinnvoll am Rand des eigentlichen Sportgeschehens erledigt und ggf. von Mitschüler*innen, die nicht am Sportunterricht teilnehmen, überprüft werden können, helfen dem*der Schüler*in, überschüssige Energie abzubauen. Vorgefertigt und auf die jeweilige Ausstattung der Halle abgestimmt, sind sie ein schnelles Instrument. Beispiele: 50-mal einen Medizinball mit Druckpass gegen die Wand werfen und wieder auffangen, fünf Runden um das Spielfeld laufen usw. Wichtig ist es, dass der*die Schüler*in während der Auszeit reflektiert und überlegt, warum er*sie in die Auszeit geschickt wurde und wie sich diese beim nächsten Mal vermeiden lässt. Die Überlegungen werden mit der Lehrkraft besprochen.
- **Arbeite die Situation zeitnah auf:** Wenn es nicht direkt in der Sportstunde klappt, mache mit den Betroffenen noch am Ende der Stunde einen Termin. Du vermittelst somit das Gefühl, dass dir die Probleme und ihre Aufarbeitung wichtig sind.
- **Suche Hilfe:** Du kannst nicht alles lösen. Merkst du während der Gespräche, dass die Ursachen nicht (nur) im Unterricht begründet sind, teile Klassenlehrer*innen, Sozialarbeiter*innen oder Beratungslehrkräften deine Beobachtungen mit. Gemeinsam lassen sich Lösungen erarbeiten.

BEWEGUNGSAKTIVE, SPORTBEGEISTERTE UND SEHR GUTE SCHÜLER*INNEN – EIN LUXUSPROBLEM?

Ist das nicht ein Luxusproblem? Bestimmt fragst du dich, warum es eigene Tipps für sportbegeisterte Schüler*innen gibt. Oder anders gefragt: Können besonders leistungsstarke Schüler*innen im regulären Sportunterricht denn ein Problem sein?

In Schulklassen besteht häufig ein großes Leistungsgefälle, aber vieles lässt sich durch Differenzierungen ausgleichen. Dies gelingt jedoch nicht immer, wenn Leistungs- oder Vereinssportler*innen dabei sind. Denn sie sind offensichtlich deutlich besser in der jeweiligen Sportart und mit dem methodisch-didaktischen Vorgehen des Unterrichts stark unterfordert. Das langweilt sie auf Dauer und kann unter anderem zu Disziplinschwierigkeiten führen. Des Weiteren erwarten sie grundsätzlich eine sehr gute Bewertung, oftmals sind solche Schüler*innen weitaus besser in dieser Sportart als du selbst. Oberstes Ziel ist es, das Interesse dieser Schüler*innen zu erhalten und dementsprechend an Differenzierung „nach oben" zu denken.

Es ist allgemein wichtig klarzustellen, dass der Sportunterricht andere Ziele hat als das Training außerhalb der Schule. Mache von Beginn an transparent, welche Kriterien du für die Bewertung anlegst, und dass es neben der Leistungskomponente beispielsweise zusätzlich um soziale Kompetenzen geht.

Viele Schüler*innen denken, sie erhielten eine schlechtere Note, wenn sie den Ball an schwächere Schüler*innen abgeben. Verdeutliche ihnen anhand dieses Beispiels, dass es im Sportunterricht gerade darauf ankommt, gemeinsam zu agieren und eine Ballabgabe sehr positiv von dir gewertet wird.

Die Bewertung sollte aber unbedingt bei dir bleiben! Bringe deine sehr guten Sportler*innen nicht in die Situation, ihre Mitschüler*innen bewerten zu müssen oder zu dürfen. Dies führt nur zu Unstimmigkeiten.

Hier findest du weitere Ideen:

- **Als Expert*innen einsetzen:** Als Leistungs-Buddy stehen diese Schüler*innen ihren Mitschüler*innen als Expert*innen phasenweise zur Seite, geben Rückmeldung, erklären bestimmte Bewegungsabläufe oder machen Übungen vor. Achte aber darauf, dass das nicht die ganze Stunde so abläuft und alle Schüler*innen die Möglichkeit erhalten, ihre Leistungen zu präsentieren.
- **Lasse sie zeigen, was sie können:** Sehr guten Sportler*innen sollte die Möglichkeit zur Präsentation ihrer Leistungen geboten werden. Dabei sollte man sie nicht in den Mittelpunkt stellen und vor anderen zur Schau stellen, es sei denn, sie wünschen das.
- **Biete Differenzierung „nach oben" an:** So ermöglichst du leistungsstarken Schüler*innen, an ihre Leistungsgrenzen zu gehen. Dafür musst du nur die Aufgaben möglichst offen gestalten. Geht es zum Beispiel darum, eine bestimmte Zahl von Treffern in den Basketballkorb zu erzielen, so formuliere die Aufgabe offen und gib eine bestimmte Zeit an, in der möglichst viele Treffer erzielt werden sollen. Wird die Aufgabe eher geschlossen formuliert mit „Triff fünfmal in den Korb!", ist das für leistungsstarke Schüler*innen langweilig.
- **Berücksichtige den individuellen Fortschritt:** Auch bei Leistungssportler*innen muss der individuelle Fortschritt zur Leistungsmessung herangezogen werden.
- **Finde individuelle Lösungen:** Manchmal lassen sich mit Leistungssportler*innen individuelle Vereinbarungen finden, sodass sie im Unterricht ihr Training nach Vorgabe ihres*ihrer Trainer*in absolvieren können. Dies geschieht losgelöst vom Unterricht der Klasse. Das Vorgehen bietet sich phasenweise vor wichtigen Wettkämpfen sicherlich an und setzt ein hohes Maß an Absprachen sowie Vertrauen zwischen Lehrkraft und Schüler*in voraus. Beachte jedoch, ob das immer eine gute Lösung ist, da der*die Sportler*in nicht am eigentlichen Sportunterricht teilnimmt und die Bewertung dadurch unmöglich bzw. deutlich erschwert ist. Außerdem könnte es Begehrlichkeiten bei anderen Schüler*innen wecken und die Rolle im sozialen Gefüge der Klasse erschweren.

KEINE DISKUSSIONEN MEHR UM SPORTKLEIDUNG!

Sehen und gesehen werden. Im Zeitalter von Instagram und Co. folgen viele Jugendliche sportlichen Vorbildern und Influencern, die die neusten Sporttrends oder Workouts präsentieren. Doch die Kleidung und Modetrends, die bei den Influencern für hohe Klickzahlen sorgen, sind aus verschiedensten Gründen für den Sportunterricht leider oft nicht geeignet. Oftmals ist das, was allein vor dem Spiegel noch schick aussieht, für die unterschiedlichen Inhaltsfelder des Sportunterrichts in einer größeren heterogenen Klassengruppe unpassend bis ungeeignet.

Um allzu kurzen Oberteilen, schlabbrigen Hosen, falschem Schuhwerk oder gefährlichem Schmuck und ihren sehr unterschiedlichen Folgen entgegenzuwirken, gibt es verschiedene Möglichkeiten:

Gib Regeln vor!

- **Stelle Bekleidungsregeln auf:** Stelle Bekleidungsregeln auf, die du jedes Schuljahr wiederholst. Thematisiere die Vereinbarungen der Fachkonferenz oder des jeweiligen Bundeslandes für Sportkleidung und Schmuck zu Beginn jedes Schuljahres.

  Eine mindestens knielange, nicht allzu eng- oder weitsitzende Sporthose, ein nicht allzu eng- oder weitsitzendes Rundhalsshirt mit Ärmeln und saubere Hallenschuhe für drinnen sowie separate Sportschuhe für draußen passen für sämtliche Inhaltsfelder des Sportunterrichts. Für den Schwimmunterricht gibst du Badeanzüge und Badehosen vor.

- **Regeln klarmachen:** Erkläre den Schüler*innen, dass es für jede Sportart (Fußball, Eishockey usw.) Vorgaben gibt und im Schulsport eben deine Vorgaben gelten.

- **Beschreibe die Gefahren von Schmuck:** Abgerissene Ohrläppchen durch Ohrringe, gebrochene Handgelenke durch Uhren und Armbänder oder Haut, die vom Finger reißt, weil der Ring festhängt, sind sehr abschreckende Bilder.

- **Reagiere:** Lasse Schüler*innen ohne passende Sportkleidung nicht aktiv am Sportunterricht teilnehmen bzw. lasse fehlende Sportkleidung in die Sportnote einfließen.

- **Zieht an einem Strang:** Vereinbart die Richtlinien mit den Kolleg*innen in der Fachkonferenz Sport und legt sie nach Möglichkeit schulweit in der Schulordnung fest.

 ## WAS DU MIT TURNBEUTEL- UND SCHWIMMSACHENVERGESSER*INNEN MACHST

Ein Klassiker: Die Sportsachen wurden (natürlich aus Versehen!) zu Hause, im Bus, im Auto der Eltern usw. vergessen. Aus versicherungs- und verletzungstechnischen Gründen darfst du nicht erlauben, dass diese Schüler*innen aktiv teilnehmen, aber nur „Bankdrücken" ist pädagogisch gesehen keine sinnvolle Lösung. Alternativen gibt es einige. Mache dir im Vorfeld Gedanken, wie du Schüler*innen ohne Sport- oder Schwimmsachen sinnvoll beschäftigst.

Hier ein paar Ideen für Schreibaufgaben:

- **Protokoll schreiben:** Die Schüler*innen erstellen ein Stundenprotokoll. Bereite dies als Vorlage einmal vor. In der Stunde sollen sie dann auf einem Extrablatt anhand dieser Vorgaben

ein Protokoll erstellen. Hier können Übungen und Spiele ausführlich protokolliert und erklärt werden.
- **Theorie erarbeiten:** Passend zum Inhalt der Sportstunde erhalten die Schüler*innen die theoretischen Inhalte in Form von Texten und dazugehörigen Fragen. Sie fertigen Skizzen von der Durchführung der Bewegungsabläufe an oder beantworten Fragen, für die sie die Sporttreibenden beobachten müssen.

  Bei den Themen greifst du allgemeine sporttheoretische Inhalte auf. Bereite diese einmal inhaltlich auf und setze sie passend zum Thema ein. Die Themengebiete können Ballsportarten, Leichtathletik, Turnen, Schwimmen usw. sein.
- **Abschreibtexte:** Abschreibtexte sollen zwar keinen Spaß machen, sind aber oft auch keine geeignete Aufgabe, wenn sie nicht inhaltlich zum Thema „Sportsachen vergessen" passen. Für jüngere Schüler*innen sehr wirksam sind Abschreibtexte, die eine Selbstreflexion beinhalten und dem*der Schüler*in aufzeigen, was er*sie verpasst und wie sich das eigene Verhalten auswirkt. Achte darauf, dass die Textlänge dem Alter angepasst ist.
- **Reflexionstexte:** Der*die Schüler*in reflektiert anhand vorgegebener Fragen, was sein Verhalten für ihn*sie, seine*ihre sportlichen Erfahrungen, seinen*ihren Lernzuwachs oder andere wichtige Aspekte bringt und wie er*sie sich in Zukunft verhalten will.
- **Beobachtungsaufträge vergeben:** Vergib Aufträge zur Beobachtung der Mitschüler*innen, z. B. „Wer benötigt wie viele Schwimmzüge pro Bahn?". Erstelle dir dazu einen Fragenkatalog, sodass du diesen kopieren und austeilen kannst und die Schüler*innen sich damit selbstständig beschäftigen. Im besten Fall können dir die Beobachtungen als Bewertungshilfe dienen.
- **Kreativaufgaben stellen:** Die Schüler*innen sollen sich ein eigenes Spiel ausdenken, eine Spielbeschreibung und einen Lageplan erstellen. Bei Material, Dauer usw. kannst du Vorgaben machen. Vielleicht könnt ihr das Spiel sogar in der Folgestunde spielen.

Wichtig: Erstelle schriftliche Aufgaben als laminierte Vorlagen, die der*die Schüler*in dann auf ein eigenes Blatt Papier überträgt.

Hier ein paar Ideen für „Mitmachaufgaben":

- **Schiedsrichter*innen:** Teile deine Turnbeutelvergesser*innen in Schiedsrichter*innen und Hilfsschiedsrichter*innen ein. Lasse sie nach einem Spiel reflektieren, was sie in ihrer Rolle wahrgenommen haben. Das kann dabei helfen, eine andere Sicht auf die Rolle der Spielleitung zu bekommen, wenn sie selbst wieder aktiv mitspielen. Vielleicht meckern sie dann nicht mehr so viel an Schiedsrichter-Entscheidungen herum!
- **Sicherung:** Bei großen Geräteparcours, im Turnen oder Parcourssport gibt es Stationen, die ein größeres Sicherungspotenzial haben als andere, weil sich z. B. Geräte verschieben oder Bewegungsfehler zu Verletzungen führen können. Je nach Alter können die Schüler*innen an diesen Stationen einfach Hilfe- oder Sicherungsstellung geben oder auf die Geräte achten.
- **„Hilfsarbeiten":** Egal, ob Bälle zugeworfen oder eingesammelt, Zeiten notiert oder Entfernungen gemessen werden müssen, diese Aufgaben können je nach Alter auch an die Schüler*innen vergeben werden. Sie übernehmen dann – meist sogar gerne – die Verantwortung und entlasten dich für andere Aufgaben. Erkläre jedoch vorab ganz genau, was du von ihnen erwartest oder welches Ergebnis am Ende der Stunde vorliegen soll. Das verhindert Frust auf beiden Seiten.
- **Rollentausch:** Mitunter eine paradoxe Intervention, aber hilfreich: Lasse die Schüler*innen Teile der Stunde planen und anleiten, beispielsweise den Abschluss. Erkläre, was du vorhattest, und sie sollen dies übernehmen oder ändern. Wichtig: Du musst die Schüler*innen einschätzen können, ob sie die Aufgabe gewissenhaft übernehmen, und sie sollten ausreichend Zeit für die Vorbereitung haben.

So meisterst du den Schwimmunterricht mit seinen besonderen Anforderungen

 ## NICHTS VERGESSEN! SO DENKST DU MIT STRUKTUR AN ALLES WICHTIGE FÜR DEN SCHWIMMUNTERRICHT

Jetzt läufst du schon wieder mit nackten Füßen am Rand des Schwimmbeckens entlang … Geht es dir auch öfter so, dass du deine Schwimmsachen nicht komplett dabeihast? Damit dir diese und andere ärgerliche Dinge ab sofort nicht mehr passieren, erhältst du hier einige Anregungen. Sie sollen dir dabei helfen, dich und deine Schwimmstunden besser zu strukturieren, nichts Wichtiges zu vergessen und letztlich deinen Unterricht für dich zufriedener gestalten zu können.

Kein Stress mehr mit der Schwimmtasche!

Am besten packst du deine Tasche schon am Vorabend, so verhinderst du, dass du in der Eile wichtige Dinge vergisst. Mithilfe unserer Checkliste kannst du deine eigene schreiben. Die Liste solltest du gut sichtbar z. B. an deinen Kleider- oder Küchenschrank hängen. Auf der Liste ist auch vermerkt, wie du mit dem Material in deiner Schwimmtasche umgehen solltest. Vergiss nicht, die notwendigen Dokumente, das Dokumentationsmaterial, hilfreiche Vorlagen für jede Stunde und Spezielles für die Stunde in deine Tasche zu packen. Was das genau ist, kannst du im Folgenden lesen. Bis auf spezielles Material für jede Stunde kannst du fast alles in deiner Schwimmtasche lassen.

 Im digitalen Zusatzmaterial findest du die „Checkliste Schwimmtasche". Du kannst sie auf deine Bedürfnisse anpassen.

Mappe mit Dokumenten und Dokumentationsmaterial anlegen:

Lege dir eine Mappe mit allen wichtigen Dokumenten an:

- Telefonnummern von Schule, Hausmeister und Eltern
- Elternauskunft (Fähigkeiten und mögliche Krankheiten)
- Klassen- oder Kursliste (Dokumentation der Anwesenheit)
- Klassenbuch oder Kursheft (Dokumentation der Stundeninhalte)
- Notenheft (Dokumentation der Schülerleistung)
- Entschuldigungen oder ärztliche Atteste
- Kladde (erleichtert das Dokumentieren)
- Kuli, wasserfeste Folienstifte, Stoppuhr und Pfeife

Damit sicherst du deine Schüler*innen und dich ab, kannst alles direkt dokumentieren und ersparst dir Arbeitszeit am Schreibtisch.

Hilfreiche Vorlagen für jede Stunde:

Führe wichtige Kopien, Übersichten und Vorlagen mit, die du immer verwenden kannst und die dann schnell und effektiv zum Einsatz kommen können. Lege dir dafür in deiner Schwimmtasche am besten einen weiteren Ordner oder eine zweite Mappe an.

- Arbeitsblätter für Schwimmsachenvergesser*innen
- Kopiervorlage mit Schülerleistung/besonderen Vorkommnissen als Rückmeldung für die Eltern
- Kopiervorlage mit Elterninformationen für den Schwimmunterricht
- Checkliste für Schüler*innen zum Packen der Schwimmtasche
- Verhaltensregeln für Schüler*innen im Schwimmbad
- selbst erstellte Übersicht mit einfachen Spielen für jede Stunde, zur Erwärmung, für die ganze Stunde …
- Karten/Übersichtsbilder zu Treffpunkten, Organisationsformen, Signalen, zur Gruppeneinteilung …
- Regelplakate für verschiedene Bereiche
- Satzanfänge zur Reflexion

Fürs Schwimmbad ist es unumgänglich, alles Wichtige zu laminieren oder Vorlagen zu verwenden, die wasserabweisend beschichtet sind.

Spezielles für die Stunde:

Passend für deine Unterrichtsstunde benötigst du weiteres Material:

- schriftliche oder digitale Stundenvorbereitung mit dem Stundenverlauf in Phasen
- Stationskarten oder zusätzliches ausgedrucktes Material
- Kopie von Selbsteinschätzungsbögen, die die Schüler*innen nutzen, um ihre eigene Leistung am Stundenende zu bewerten
- Kopie von Beobachtungs-/Bewertungskriterien, die es dir ermöglichen, die gezeigten Leistungen deiner Schüler*innen zu beobachten und bewerten
- besonderes Kleinmaterial, das in der Sporttasche zu transportieren und nicht in der Schwimmhalle vorhanden ist

VOM SCHULGEBÄUDE INS SCHWIMMBECKEN UND ZURÜCK – SO BEDENKST DU ALLE BESONDERHEITEN

Hier findest du Tipps und Hinweise für den Weg von der Schule zum Schwimmbecken und zurück:

- **Plane den Weg zum Schwimmbad!**
  Das erste Mal sollte der Weg gemeinsam mit den Schüler*innen absolviert werden, um Gefahren zu erläutern und um sicherzustellen, dass jede*r den Weg kennt.
  – Laufen die Schüler*innen selbst zum Bad? Wann und wo laufen die Schüler*innen los? Laufen sie in Gruppen? Läufst du mit ihnen? Holst du sie an einem vereinbarten Treffpunkt ab?
  – Bringen die Eltern ihre Kinder mit dem Auto von der Schule zum Schwimmunterricht?

- Werden (ggf. gemeinsam) öffentliche Verkehrsmittel wie Bus oder Bahn genutzt? Müsst ihr eine bestimmte Abfahrtszeit einhalten?

- **Die Ankunft am Schwimmbad**
  - Wo triffst du dich genau mit der Gruppe?
  - Betreten die Schüler*innen ohne dich oder mit dir den Vor- bzw. Kassenbereich des Schwimmbads?
  - Überprüfe die Anwesenheit, damit du weißt, wie viele Schüler*innen mit ins Schwimmbad gehen.

- **Verhalten in den Umkleiden**
  - Wo ziehen sich die Schüler*innen um? In der Sammelumkleide? In der Einzelumkleide? Zu zweit?
  - Ziehen sich die Schüler*innen etappenweise um?
  - Was ziehen die Schüler*innen an? Neben Badebekleidung noch Badeschuhe? Badekappe? Haargummi?
  - Wo ziehst du dich um? Wissen die Schüler*innen, wo sie dich finden, wenn sie während dieser Zeit eine Frage bzw. ein Problem haben?
  - Wie gehst du vor, wenn du in die Umkleide der Schüler*innen musst? Solltest du die Umkleide der Schüler*innen betreten müssen, kündigst du das vorher durch lautes Klopfen und Rufen an. Außerdem bittest du die Schüler*innen, sich zu bekleiden.
  - Wohin stellen die Schüler*innen ihre übrigen Sachen, wie Schulranzen und Kleidung? Wie wird mit Wertsachen verfahren?
  - Was sollen die Schüler*innen mit in die Schwimmhalle nehmen? Handtuch? Duschzeug? Wasserflasche? Schwimmbrille? Wertsachen?

- **Das Betreten der Schwimmhalle**
  Du solltest als erste Person die Schwimmhalle betreten und sie als letzte verlassen. Dadurch sicherst du dich ab.
  - Wo warten die Schüler*innen nach dem Umkleiden auf dich?
  - Überprüfe noch mal: Was führen die Schüler*innen mit sich?
  - Sollen die Schüler*innen vor dem Betreten der Halle duschen? (Beachte unbedingt die schnell entstehende Verdunstungskälte bei zu frühzeitigem Duschen! Unmittelbar nach dem Duschen sollten die Schüler*innen ins Wasser gehen können.)

- **Vor dem Unterricht im Wasser**
  - Triff dich mit den Schüler*innen möglichst immer am selben Treffpunkt. Dies sollte ein Ort sein, wo alle sitzen können.
  - Wo legen die Schüler*innen mitgebrachte Handtücher, Duschzeug, Wertsachen usw. ab?
  - Überprüfe die Anwesenheit.
  - Begrüße die Schüler*innen.
  - Gib einen Ausblick auf den Inhalt der Stunde.
  - Schicke die Schüler*innen ggf. jetzt zum Duschen.
  - Gib vorher an, wo die Schüler*innen ins Wasser gehen und wo sie sich im Wasser in welcher Weise treffen sollen.

- **Raus aus dem Wasser**
  - Plane ausreichend Zeit für Duschen und Umziehen ein. Gib den Schüler*innen einen zeitlichen Rahmen vor.
  - Dürfen Schüler*innen mit langen Haaren früher das Wasser verlassen?
  - Ist es sinnvoll, dass sich die Schüler*innen etappenweise umkleiden?
  - Wie sind die Möglichkeiten zum Föhnen?
  - Wo warten die Schüler*innen nach dem Umziehen?
  - Sollen die Schüler*innen eine Mütze/Kopfbedeckung tragen?

- **Nach dem Umziehen**
  Kontrolliere die Anwesenheit, bevor du gemeinsam mit den Schüler*innen das Bad verlässt.
  – Wie sieht der Rückweg zur Schule aus? Werden die Schüler*innen abgeholt?
  – Dürfen die Schüler*innen allein nach Hause gehen oder laufen sie wieder zur Schule?
  – Wie sind die rechtlichen Bestimmungen, darfst du die Schüler*innen allein am Schwimmbad entlassen?
  – Müssen öffentliche Verkehrsmittel zu bestimmten Zeiten erreicht werden?

KLEINE HELFER – GROßE WIRKUNG: SO BIST DU MIT WENIG MATERIAL AUF ALLE SITUATIONEN VORBEREITET

Der Schwimmunterricht stellt dich vor ganz besondere Herausforderungen: Neben den allgemeinen Rahmenbedingungen und Anforderungen des Sportunterrichts musst du zusätzlich das Element Wasser, die Gegebenheiten in einem Schwimmbad und die damit speziellere Sicherheits- und Aufsichtssituation beachten.

Durch gute Vorbereitung mit wenigem, aber gutem Material, das in vielen Situationen schnell eine Selbsthilfe bietet, kannst du die komplexe Situation des Schwimmunterrichts meistern. Wähle hier aus, welche „kleinen Helfer" für dich nützlich sind, und packe sie in deine Schwimmtasche. Papiervorlagen solltest du immer laminieren, sonst hast du nicht lange Freude daran.

Kleinmaterial für die Schwimmtasche:

- **Kartendecks** sind zur Einteilung von Gruppen oder Paaren, zum Gestalten einer Schwimmkartenstaffel oder zum Tauchen nach laminierten Karten einsetzbar.
- Verwende **Gummi- oder Tauchringe** für Spiele zum Tauchen, zur Markierung von Fänger*innen oder als Wurfgegenstand für das Spiel Parteiring.
- **Würfel** sind vielfältig einsetzbar, z. B. für die Anzahl der zu schwimmenden Bahnen, für eine Würfelpyramide oder das Würfeln von sportlichen Aufgaben zu unterschiedlichen Bereichen.

- Ein **Tennisball/kleiner Ball** (fürs Wasser geeignet) genügt für das Spiel Parteiball im Wasser.
- **Bälle**, die an der Wasseroberfläche schwimmen, können in verschiedenen Wurfspielen Verwendung finden, aber auch für Experimente mit und im Wasser, z. B. bei dem Versuch, den Ball ohne Berührung hinter sich herschwimmen zu lassen.

- **Becher** eignen sich vor allem im Anfängerbereich, um erste Erfahrungen mit dem Element Wasser zu sammeln; sie können für Staffelspiele zum Transportieren von Wasser eingesetzt werden.
- **Schwämme** eignen sich vor allem im Anfängerbereich, um sich an das Element Wasser zu gewöhnen, sowie zum Abwerfen oder Transportieren von Wasser.
- **Luftballons** können als Ballersatz dienen. Lasse deine Schüler*innen erproben, wie es ist, einen Luftballon unter Wasser aufzupusten.
- In zwei Teams wird ein **aufblasbarer Wasserball** über eine gespannte Schnur gespielt. Zur Förderung der Kooperation kann der Wasserball von einem Team so lange wie möglich in der Luft gehalten werden, bevor er über die Schnur gespielt wird.
- **Wäscheklammern** eignen sich zum Einteilen von Gruppen oder Paaren. Außerdem können sie als Markierung auf einem Spielplan dienen.

- Die **Pfeife** dient als Signal in vielen Situationen. Mehrmals reinpfeifen, um die Schüler*innen zu ermahnen, solltest du aber besser nicht.
- Ein **Gegenstand aus Metall** (z. B. ein Esslöffel) dient als Signal für das Ende von Tauchaufgaben. Wenn du mit dem Löffel gegen die Leiter schlägst, hören das alle Schüler*innen, auch die, die gerade unter Wasser tauchen.
- **Wasserfeste Stifte** benötigst du für verschiedene Spiele und Aufgaben.

Bei Verwendung von Alltagsgegenständen im Schwimmunterricht solltest du dich vorab absichern und in der Schwimmhalle nachfragen, ob das Schwimmbad damit einverstanden ist. In Schwimmbädern gibt es manchmal Ritzen oder Spalten, in denen kleine Dinge auf Dauer versenkt werden können und Schaden anrichten.

Kopiervorlagen für Kleine Spiele und Bewegungsimpulse:

Laminiere die folgenden Materialien, dann sind sie echte Alleskönner und bringen dich und deine Schüler*innen schnell und einfach weiter, um variationsreich auf unvorbereitete Situationen reagieren zu können oder den Schwimmunterricht zu gestalten. Sie sind mehrfach, in jeder Klasse und differenziert einsetzbar.

- **Karten mit Schwimmwegen** lassen die Schüler*innen variationsreich, ausdauernd oder auch nur zum Erwärmen schwimmen.
- Eine **Pyramide mit Zahlen** lässt sich in Kombination mit einem Würfel zum **Pyramidenschwimmen** oder zum Durchführen von Übungen in einer bestimmten Reihenfolge verwenden.
- **Bewegungsaufgaben** zu bestimmten Bereichen, z. B. Schwimmen mit dem Schwimmbrett, können kombiniert mit einem Würfel als Würfelaufgaben jederzeit durchgeführt werden.
- Ein **Lageplan** zeigt den Aufbau eines **Schwimmparcours** mit mehreren variationsreichen Stationen in der Schwimmhalle, den die Schüler*innen durchschwimmen.
- Bilder mit **Organisationsformen** oder von **Synchronschwimmfiguren** unterstützen die Schüler*innen beim Gestalten von eigenen Choreografien oder beim Platzieren/Anordnen im Raum.
- **Großbuchstaben** können hochgehalten werden, sodass sie mit dem Körper an der Wasseroberfläche nachgestellt werden können. Dies geht allein oder in Teams gegeneinander.
- **Spielpläne** von bekannten Spielen, wie Mensch-ärgere-dich-nicht, Monopoly, Leiterspiel, können mit wenigen Abwandlungen auf das Schwimmen übertragen werden. Sei kreativ und übertrage gut bekannte Spiele auf das Wasser.
- **Schwimmbingo** ist angelehnt an das bekannte Spiel Bingo. Hier geht es darum, sowohl variationsreich zu schwimmen als auch durch Zufall die passenden Kärtchen zum „Bingo" zu ziehen.

 „Kleine Helfer für den Schwimmunterricht" – genauere Erklärungen findest du im digitalen Zusatzmaterial!

MIT REGELN UND RITUALEN SCHAFFST DU STRUKTUR UND SICHERHEIT!

Viele Schüler*innen erwarten vom Schwimmunterricht, dass sie baden und im Wasser planschen können. Und in jeder Stunde fragen sie dich, wann denn endlich der Sprungturm freigegeben wird. Mache deutlich, dass Schwimmunterricht richtiger Unterricht ist. Er ist an Regeln und Rituale gebunden, die alle einhalten müssen.

Für dich als Lehrkraft kommen im Schwimmunterricht gesonderte Aufsichtsmaßnahmen und Rettungsnachweise hinzu. Es bedarf demnach vor allem einer sicheren Struktur, die es allen ermöglicht, inhaltsreich und effektvoll am Schwimmunterricht teilzunehmen.

Überlege genau, welche Regeln und Rituale du einführst. Sie sollten die strukturierten Fäden im Hintergrund sein. Sie sollten nicht als Verbote formuliert sein und zu dir sowie zu deiner Lerngruppe passen. Insgesamt solltest du nicht zu viele Regeln haben (vier bis fünf genügen) und diese nicht alle auf einmal am Anfang einführen. Das wirkt abschreckend und einengend. Außerdem solltest du sie situationsangemessen einführen, sodass die Regeln direkt eingesetzt und eingeübt werden können. Präsentiere die Regeln übersichtlich, formuliere sie positiv und für alle transparent. Beziehe deine Schüler*innen in den Entstehungsprozess ein.

Für diese Bereiche im Schwimmunterricht solltest du Regeln aufstellen:

- Wege zum Schwimmbad und vor dem Unterricht
- Essen vor dem Schwimmunterricht
- Schwimmbrille, Flossen und Co.
- Verhalten in der Umkleide und in der Dusche
- Verhalten vor, in, während und nach dem Unterricht
- Treffpunkte
- Schwimmbekleidung
- Krankschreibung
- Verhalten bei Unwohlsein
- Schwimmsachenvergesser*innen
- Wertsachen
- Abmeldung beim Toilettengang
- Material, Materiallager und Materialtransport
- Auf- und Abbau
- Verhalten im Wasser gegenüber Mitschüler*innen
- Verhalten gegenüber der Lehrkraft
- Springen
- Tauchen

Passende Regeln zu finden und zu etablieren, erfordert Disziplin und teilweise Innovation seitens der Lehrkraft und der Schüler*innen. Der Aufwand lohnt sich, wenn man bedenkt, dass Regeln allen Beteiligten ein hohes Maß an Sicherheit, Gemeinschaftsgefühl und Struktur bieten. Schüler*innen sind im Schwimmunterricht mit viel mehr Ängsten behaftet, als das im Sportunterricht in der Halle der Fall ist. Mithilfe von Ritualen wirkt man diesen Ängsten entgegen. Als Lehrkraft musst du mit gutem Beispiel vorangehen. Verzichtest du beispielsweise mehrfach hintereinander auf eine gemeinsame Begrüßung an einem bestimmten Ort in der Schwimmhalle, so kannst du davon ausgehen, dass deine Schüler*innen zu Beginn keine Begrüßung mehr erwarten und einfach darüber hinweggehen. Überlege dir also gut, welche Rituale sinnvoll sind.

Beispiele für Rituale:

Gut eingeübte Regeln werden als Rituale nach mehrfacher Wiederholung wie selbstverständlich eingefordert und sind abrufbar. Hier habe ich einige Beispiele zusammengestellt:

- Begrüßung und/oder Stundenabschluss erfolgen gemeinsam an einem bestimmten Ort in einer bestimmten Raumorganisation.
- Die Erwärmung läuft durch ein Spiel oder ein Setting (z. B. freie Erwärmung, eine bestimmte Anzahl von Bahnen schwimmen, mehrere Übungen in einer bestimmten Reihenfolge durchführen) immer gleich ab.
- Die Schüler*innen dürfen sich das Aufwärmspiel wünschen.
- Bei einem bestimmten positiven Verhalten (z. B. Punktverhältnis von mehr als fünf) darf dieses Team das nächste Mal beginnen.
- Es gibt Signale für bestimmte Unterrichtssituationen, z. B. Heben der Hand = Ende des Spiels.

SO GEHST DU MIT DEINEM SCHWIMMUNTERRICHT NICHT BADEN UND UNTERRICHTEST STRUKTURIERT, SOUVERÄN UND ORGANISIERT

Ein Kollege schaute mich vor einigen Jahren ziemlich verwundert an, als ich ihm von einer geplanten Stationsarbeit im Schwimmbad berichtete. Für ihn als Nichtsportler unvorstellbar – aber warum sollte es keine Stationsarbeit im Schwimmunterricht geben? Integriere offene Lernsituationen in deinen Schwimmunterricht, so verschaffst du dem Unterricht Struktur und dir im Endeffekt mehr Ruhe. Betrachte die Schwimmhalle wie eine Sporthalle, die mit Wasser gefüllt ist, aber ansonsten denselben Raum zur Methodik und Didaktik bietet.

Tipps für deinen Unterricht:

- Erstelle **offene Lernarrangements**, wie Stationsarbeiten, Schwimmparcours, Schwimmchoreografien, Partner- und Teamaufgaben. Das bedeutet zwar mehr Vorbereitung, verschafft dir aber Struktur und Ruhe. Diese ist bei der meist schlechten Akustik in Schwimmhallen sehr wichtig.
  – Stationsarbeit mit vier Stationen: Überlege dir vier Stationen zu einem Thema, z. B. Kraulschwimmen. Dafür benötigst du zwei Bahnen, vier verschiedene Aufgaben und du musst die Lage der Stationen für die Schüler*innen transparent machen. Für Station 1 wird die obere Hälfte der Bahn vom Startblockbereich bis zur Mitte genutzt, indem an der Wand entlang, dann ein kleines Stück quer und an der Abtrennung zur nächsten Bahn zurückgeschwommen wird. – Station 2 befindet sich auf der unteren Hälfte derselben Bahn, der Schwimmweg ist also gegengleich zu Station 1. So liegen Station 3 und 4 auf der zweiten Bahn.
  – Die Schüler*innen gestalten und inszenieren in Kleingruppen ein bekanntes Märchen.
  – Die Schüler*innen finden zu Musik passende Bewegungsformen im Wasser.

- Erarbeitet in Gruppen eine Synchronschwimmkür: Integriert vier der folgenden Organisationsformen, baut Anfangs- und Endpose ein, achtet auf synchrone Bewegungen und seid kreativ.

- Bereite das **Material** entsprechend vor und laminiere alles, was im Unterricht und am Beckenrand benötigt wird. Durch die hohe Luftfeuchtigkeit im Bad wird alles auf kurz oder lang feucht.

- Wähle passende **Organisationsformen** für deine geplanten Übungen und Spiele aus. Überlege dir dazu vorab, wo du dich am besten positionierst. Du solltest immer an deine Aufsicht denken. Wähle einen Ort, an dem dich alle Schüler*innen sehen können und du sie. Von vorne oben oder von der Seite sind Beobachtungspositionen, die gut geeignet sind.

  Zeige die gewählte Organisationsform den Schüler*innen auf Übersichten, sodass sie sich selbstständig auf diese Weise sortieren können. Das Mitführen einer festen Kladde ist für solche Fälle sinnvoll. Im Schwimmbad bieten sich an: Wellen, einfaches oder doppeltes Rechteck, am laufenden Band, Querbahn, Kreis usw. Beachte, dass möglichst viele Schüler*innen gleichzeitig in Bewegung sind – am besten alle.

- **Spiele** erfreuen sich auch im Schwimmunterricht großer Beliebtheit. Entscheidend dabei ist es, dass die Wartezeiten pro Schüler*in nicht zu hoch sind, denn außerhalb des Beckens kommt es schnell zur Verdunstungskälte. Klassische Brettspiele, wie z. B. Mensch-ärgere-dich-nicht oder Monopoly, lassen sich einfach auf den Schwimmunterricht übertragen, sind mit wenig Materialaufwand verbunden, bewegen alle Schüler*innen gleichzeitig und fördern den Bereich „ausdauerndes Schwimmen".

- Sammle deine Schüler*innen an geeigneten **Treffpunkten**, an denen sie alle stehen oder sich festhalten und von denen sie gut in die nächste Aufgabe starten können. Die Querbahn, eine Ecke, der Beckenrand oder der Kreis sind geeignete Treffpunkte. Beachte dabei wieder deine Position, versuche, dich möglichst auf Schüler*innenhöhe zu begeben.

- Benutze **nonverbale Signale**, um deine Schüler*innen zu versammeln, so schonst du deine Stimme. Nutze dabei Körpersprache und hocke dich z. B. an den Beckenrand und hebe die Hand. Die Schüler*innen wissen dann, dass sie sich bei dir versammeln sollen. Zum Ende eines Spiels oder einer Aufgabe pfeifst du oder überkreuzt für alle sichtbar deine Arme. Bereite entsprechende „Karten" vor, die du hochhältst, z. B. mit einem Stoppzeichen oder einer Lagebezeichnung (Ecke, Beckenrand …). Auf diese Weise genügt es, die Karten hochzuhalten, und du benötigst kein einziges Wort.

Wie du als Sportlehrkraft stark bleibst

 ## UNSER KÖRPER SPRICHT IMMER – SO ÜBERZEUGST DU DURCH DEINE KÖRPERHALTUNG

Als Sportlehrkraft wirkst du als ganze Person – ob du willst oder nicht. Nicht nur John Hattie wusste, dass die Lehrer*innen im Unterricht im Mittelpunkt stehen. Wir als Lehrkräfte sollen durch Sicherheit und Präsenz wirken. In der großen Turnhalle ist das noch wichtiger als im Klassenzimmer. Alles, was von uns sichtbar und hörbar ist, wird interpretiert und bewertet. Dies läuft bei den Schüler*innen meist unbewusst und sehr schnell ab. Als Lehrkraft kannst du einfach nicht *nicht kommunizieren*.

Tipps für deine Körperhaltung:

- **Ein guter Stand:** Ein guter Stand zeigt, dass du aufmerksam und präsent bist. Dazu stehen beide Beine hüftbreit auseinander. Die Knie sind leicht gebeugt und der Rücken ist gerade, aber nicht durchgedrückt. Damit das Ganze nicht zu steif wirkt, kannst du gerne mal dein Gewicht nach links oder rechts verlagern.

  Du kannst das richtige Stehen ganz einfach üben: Stelle dir einfach vor, du bist am Strand und stehst dort, wo Wasser und Sand ineinander übergehen und du leicht in den Sand einsinkst. Du hast einen festen Stand, nichts wirft dich um. Wiederhole diese Visualisierung mehrmals am Tag und sie wird sich in dein Körpergedächtnis einprägen.

- **No-Gos:** Ein paar Körpersignale solltest du vermeiden, wenn du einen überzeugenden Eindruck machen willst, z. B.:
  - Arme verschränken und breitbeinig stehen
  - Daumen in den Gürtel haken
  - oft mit den Haaren spielen
  - dauernd den Kopf schief halten und dabei lächeln

Über die Haltung der Hände wurde viel und vor allem Gegensätzliches gesagt. Worauf sich aber alle Forschenden bisher einigen konnten, ist die Tatsache, dass du deine Aussagen mit Gesten unterstreichen solltest. Und natürlich, dass Hände in den Hosentaschen vor der Klasse auch in der Turnhalle nichts zu suchen haben.

Bei allen Tipps ist es aber das Wichtigste, immer authentisch zu bleiben. Eine*n Schauspieler*in nehmen die Schüler*innen nicht wirklich für voll!

Noch ein **Tipp**: Lasse Kolleg*innen bei dir hospitieren und als Schwerpunkt deine Körperhaltung beobachten.

WIE DU IN DER TURNHALLE BEI STIMME BLEIBST

Untersuchungen zeigen, dass die Stimme von Sportlehrkräften besonders belastet wird. Klar, denn gegen 30 Schüler*innen mit Basketbällen bei schlechter Akustik anzuschreien, ist auf Dauer Extremsport für deine Stimmbänder.

Folgende Tipps helfen dir, bei Stimme zu bleiben:

- **Der Wake-up-Call für deine Stimme:** Auch deine Stimme muss morgens wach bzw. aufgewärmt werden, denn beim Sprechen sind immerhin 70 Muskeln im Einsatz. Expert*innen empfehlen uns, erst mal ausgiebig zu gähnen, uns zu strecken und dabei vor allem den Brustraum zu dehnen. Unter der Dusche geht es dann weiter, indem du zuerst leise summst („mmmh") und die Lippen flattern lässt („brrr"). Um das Zwerchfell zu aktivieren, solltest du Wörter aufsagen, die mit „P", „S", „T", „K", „F" oder „Sch" beginnen. Die Luftfeuchtigkeit hilft deinen Stimmbändern. Danach trinkst du ein großes Glas Wasser.

- **Einfach mal nichts sagen und wenn, dann leise!** Dieser Tipp ist so effektiv wie auch schwierig durchzuhalten. Du kannst natürlich versuchen, eine tobende Klasse mit Schreien quer durch die Turnhalle zur Ruhe zu bringen. Das heisere Feedback bekommst du dann spätestens nachmittags. Wesentlich schonender ist es, sich vor die Klasse zu stellen und zu warten. Okay, die Zeit kommt dir ewig vor (auch wenn es meistens nur 30 Sekunden sind), aber es ist ungemein wirksam. Kombinieren kannst du das mit einem visuellen Signal, z. B. einer gehobenen Hand. Erst wenn alle ruhig sind, beginnst du, leise zu sprechen. Versuche niemals, deine Schüler*innen mit deiner Stimme zu übertrumpfen. Du wirst auf lange Sicht verlieren.

- **Trinke viel!** Diesen Tipp kennst du aus vielen Lebensbereichen und auch wir können ihn dir nicht ersparen: Um die Kraft deiner Stimmbänder zu erhalten, solltest du viel trinken. Das kann Wasser sein, aber auch Kräutertee. Hier empfehlen sich Salbei oder Thymian.

- **Generell weniger sprechen:** Präventiv kannst du auch bei der Unterrichtsplanung einwirken. Führe in deinen Sportklassen nonverbale Signale ein und vermeide so Sprechanlässe. Dies kann die gehobene Hand sein oder auch mal der klassische Pfiff. Schaffe dir Erholungsphasen für deine Stimme, bei denen du nichts sagen musst. Generell gilt: Sprich nur, wenn es wichtig ist (und dann leise!) – laut sprechen ist nur nötig, wenn die Sicherheit gefährdet ist.

- **Höre auf deinen Körper!** Es ist keinem geholfen, wenn du heiser oder komplett erkältet in der Turnhalle stehst. Wenn du erkältet oder sehr oft heiser bist, gehe bitte zum HNO-Arzt!

ELTERNGESPRÄCHE SOUVERÄN FÜHREN – AUCH SPORTUNTERRICHT IST WICHTIG!

Oft liegt das Fach Sport im Ranking bei den Eltern nicht sehr weit oben. Aber wenn es zu einem Elterngespräch kommt, ist es meist von Konflikten geprägt.

Folgende Tipps helfen dir bei Elterngesprächen:

- **Führe Gespräche nur mit Termin!** Spontane Elterngespräche haben wenig Aussicht auf Erfolg. Für den Fall, dass Eltern unangemeldet in die Schule kommen, legst du dir einen Standardsatz zurecht, z. B.: „Vielen Dank für Ihren Besuch, da ich aber meiner Aufsichtspflicht nachkommen muss, würde ich mich freuen, wenn wir das in Ruhe in meiner Sprechstunde klären könnten."

- **Gehe sparsam mit deinen Kontaktdaten um!** Gib den Eltern niemals deine private Telefonnummer! Gib nur deine Dienst-E-Mail-Adresse weiter. Ansonsten bist du immer im Arbeitsmodus. Vermeide es, dienstliche E-Mails auf deinem Handy zu erhalten, sonst bist du immer in Alarmbereitschaft. Die Hürde, die Dienst-E-Mails am Laptop abzurufen, hilft dir bei der Trennung von beruflichem und privatem Bereich.

  Und noch etwas: Halte dich in jedem Fall von Chatgruppen mit Eltern fern!

- **Information geht über alles!** Versorge die Eltern proaktiv mit möglichst vielen Informationen. Lieber schreibst du ein, zwei Elternbriefe mehr, aber so vermeidest du schon im Vorfeld lästige Fragen, die sich meist nur um organisatorische Details drehen („Welche Sportschuhe brauchen die Kinder?", „Benötigen die Kinder eine Badekappe?" usw. – da fallen dir jetzt sicher gleich hundert Fragen ein).

- **Empathie öffnet Türen!** Es fällt einem manchmal schwer, sich in die Eltern reinzuversetzen. Im Prinzip wollen sie natürlich einfach nur das Beste für ihr Kind und sind deshalb öfter emotional aufgewühlt. Es kann auch sein, dass die Eltern selbst schlechte Erfahrungen im Sportunterricht gemacht haben und dadurch vorbelastet in ein Gespräch mit einer Sportlehrkraft gehen. Versuche, dies zu verstehen, und signalisiere dieses Verständnis auch. Dadurch werden viele Elterngespräche einfacher.

- **Hole dir Unterstützung!** Wenn die Fronten so verhärtet sind, dass gar nichts mehr geht, hole dir Unterstützung für das Elterngespräch. Es ist kein Zeichen der Schwäche, sich Hilfe in Form einer Beratungslehrkraft, Schulpsycholog*innen oder der Schulleitung zu holen – sondern ein Zeichen der Stärke!

- **Die Atmosphäre macht's!** Angenehme Rahmenbedingungen können helfen, die Spannung aus Elterngesprächen zu nehmen. Ein schöner Raum, ein Kaffee oder Tee – es gibt sogar Untersuchungen, die einen Zusammenhang zwischen dem Vorhandensein von Heißgetränken und der freundlichen Stimmung in Gesprächen aufgezeigt haben. Und noch etwas: Sporthosen sind bequem, manche Eltern könnten daraus aber falsche Rückschlüsse auf dich und deine Einstellung zu deinem Beruf ziehen.

STANDORT, MIMIK, GESTIK, ZEICHENSPRACHE – WIE DU ANDERE KANÄLE NUTZT

Nur wenige Sporthallen haben eine gute Akustik, die den Lärm auch von mehreren Sportklassen „schluckt". Deine Stimme ist ein wichtiges Werkzeug, sollst du doch erklären, moderieren und gestalten.

Wir zeigen dir hier einige Tipps, wie du deine Stimme schonst:

- **Wähle einen guten Standort!**
  - Behalte immer den Überblick.
  - Stelle dich erhöht auf einen großen Turnkasten oder wähle Positionen in den Ecken der Hallen oder mittig am Rand, sodass du alles im Blick hast.
  - Wähle die Position so, dass du niemanden im Rücken hast.
  - Plane schwierige Bewegungselemente so, dass sie von dir mit den vorherigen Vorgaben betreut werden können.

- **Nutze deine Mimik!**
  - Nutze deine Mimik, um positive Wertschätzung auszudrücken. Das geht auch auf Distanz.
  - Wahre einen freundlichen Gesichtsausdruck in schwierigen Situationen, um aufbrausende Gespräche schon im Vorfeld zu deeskalieren.
  - Strahle immer Entspannung aus, um Sicherheit zu geben.

- **Verwende Zeichen!**
  - Vereinbare Zeichen (z. B. eine über dem Kopf rotierende Hand für einen Sitzkreis) für immer wiederkehrende Anlässe.
  - Nutze Handzeichen aus den Sportarten, erkläre sie jedoch immer vorab und wiederhole sie mehrfach.
  - Sei ein Vorbild und nutze die Zeichen, damit auch die Schüler*innen sie bei Bedarf nutzen (z. B. erhobene Hand für „Ich bin gerade raus.").

- **Schone deine Stimme!**
  - Sprich nie bei Unruhe oder Musik. Setze dich stattdessen hin und warte einfach ab, bis Ruhe einkehrt.
  - Schone deine Stimme, indem du folgendem Credo folgst: So wenig wie möglich, aber so viel wie nötig!
  - Gehe zu Schüler*innen, wenn du mit ihnen sprechen willst, und rufe sie nicht. Dies zeugt von Respekt und Wertschätzung und du dienst als Vorbild.
  - Warte ggf. mit einer Ansprache bis zu einer Reflexionsrunde oder bis die Schüler*innen sich bei dir versammelt haben.
  - Gib dir und den Schüler*innen vor schwierigen Ansprachen Zeit, um runterzukommen, und atme mindestens dreimal tief ein und aus.

- **Schaffe Struktur!**
  - Nutze vorgefertigte Karten mit Symbolen, die für festgelegte Regeln und Vereinbarungen gelten. Halte diese hoch. Auch ein Farbcode kann helfen.
  - Überlege dir vorher stundenspezifische Probleme und besprich sie vor den Bewegungsphasen. Halte sie ggf. schriftlich fest und bringe sie als Hilfe in der Halle an. So werden typische Fragen und Probleme schon im Vorfeld minimiert.